价值阅读
阅读改变人生

热爱生命

——100 个关于生命的奇迹

李长伟/编著

辽宁大学出版社

图书在版编目(CIP)数据

热爱生命:100 个关于生命的奇迹 / 李长伟编著.
—沈阳:辽宁大学出版社,2013.9
　ISBN 978－7－5610－7479－4

　Ⅰ.①热… Ⅱ.①李… Ⅲ.①生命哲学—通俗读物
Ⅳ.①B083－49

　中国版本图书馆 CIP 数据核字(2013)第 227347 号

热爱生命——100 个关于生命的奇迹

编　　著:李长伟
出 版 者:辽宁大学出版社有限责任公司
　　　　(地址:沈阳市皇姑区崇山中路 66 号　邮政编码:11003
印 刷 者:沈阳天择彩色广告印刷有限公司
发 行 者:辽宁大学出版社有限责任公司
幅面尺寸:160mm×230mm
印　　张:12
字　　数:150 千字
出版时间:2013 年 10 月第 1 版
印刷时间:2013 年 10 月第 1 次印刷
策划制作:吉林省梦想文化艺术有限公司
责任编辑:董晋骞

书　　号:ISBN 978－7－5610－7479－4
定　　价:25.00 元

生命的邀请

我们在自己的哭声中来到这个世界，在别人的哭声中离开这个世界。

我们中的大部分人在青春期的时候都曾经思考过"死亡"及"为什么活着"的问题，那也是我们对生命意义的第一次叩问，是我们的精神世界的第一次真正意义上的成长。

其实，生命是一件太好的东西，好到你无论选择什么方式度过，都像是一种浪费。

生命，从地底聚集起力量，在冰雪下伸展，在早春润湿的泥土中，勇敢快乐地破壳。它伸出嫩叶来吸收氧气，享受阳光，在雨中吟唱，在风中跳舞，在烈日下挺立抬头，默默经受着狂风暴雨、严寒酷暑的考验。

我们一边在享受生命，一边也在消耗生命；一边在享受生命带给我们的满足，一边也在抱怨生命带给我们的遗憾。但无论如何，我们还是真心地感激生命，它实在是太好了。

物质文明和精神文明的光环让我们尽情地享受了生命的幸福；亲情、爱情和友情是如此地让我们沉醉和迷恋；绿草和鲜花的芬芳、白云和彩霞的世界又是那样地让我们难以忘怀；而不幸、痛苦和忧伤更是以其特有的内涵增添了我们对生命博大精深的体验……

生命世界是如此地美丽、美好和耐人寻味。茫茫星河，无限时空，生命又是如此短暂。只此一生的我们，其实没有多少犹豫的时间，也没有多少错过的余地。

生命属于我们每一个人，却很少有人能认清生命真实的

1

面孔。

我们作为这个世界生命群体的分子，该如何珍惜或享受生命的美丽？

这本书给了我们答案，它从多个角度对生命——这一永恒的命题进行诠释，由点及面，用最快捷的方式让我们领悟到生命的精髓，获得生命的真谛。

这样，面对黑夜的造访，我们也许就会拥有一份坦然的对视，不论对与错，浪漫与深沉，花好与月残，只要我们自然真诚地表现生命，度过生命中完整的四季，就会拥有一份坦然，一份灿烂。

其实，这是一份邀请，一份来自生命课堂的邀请。它带着爱的芬芳、生命的琼浆、心的喜悦……来吧，来吧！花儿在招手，鸟儿在欢唱……美妙的旋律近了，近了……你只需跃入，跃入这生命的盛会！来吧，来吧！除了爱与欢笑，生命注定别无出路。除了舞蹈与歌唱，生命注定别无选择。

编　者

C目录 CONTENTS

1 开始：黎明划破的长空

2 成长：追逐生命的阳光

3 磨砺：推开沉沉的乌云

1 开始 > ...
黎明划破的长空

我喜欢开始，因为它表示着一个新希望的来到。

看到了冰消雪融，没见过太阳初升，是一种遗憾；看到树吐新芽，没见过种子破土，也是一种遗憾。

种子在破土之前，上面是厚厚的一层泥土，或是坚硬的岩石。但种子明白，自己天生就要追求新的开始，所以，它以毕生的力量破土而出。

它的破土，是拥抱春天的开始，沐浴春天的开始。

于是，我便开始享受这新的开始，也开始欣赏这种美丽。

我用生命领略着大自然的神奇：感叹高山的巍峨，江河的奔腾，大海的宽阔，森林的广博……在细雨中漫步，在雪地里戏耍，在狂风中逆行……

我用生命参与着人世间的故事：父母的疼爱温馨，恋人的体贴醉心，朋友的关怀温暖……在挫折中成熟，在逆境时坚强，在误解后谨慎……

然而，生命不是一场雨，雨落在地上，蒸发成水汽还会再落下；它不是一棵小草，小草冬天枯了，春天还会再荣。

生命，承担着许多责任：要使血浓于水的双亲晨昏有慰；要为尚未成年的骨肉遮风蔽雨；还要为这个世界贡献属于自己的阳光和希冀，以此来证明自己生存的价值和意义……

然而，每一次生命都是开始，都是希望。冰雪融化，树吐新芽，种子破土，希望便来临了。

我喜欢开始，因为希望会继续，太阳会升起……

爱的礼物

○贝丝·齐

怀里抱着我们刚出生的儿子达拉恩，满心欢喜地迈出医院。然而，一出门口，我们原本健健康康的儿子却全身变成黑青色。直觉反应告诉我们，他需要立刻进行开心手术。在那一刹那间，我们明白达拉恩的情况严重，也就在那一瞬间，我们的生活有了一百八十度的大转变。只是，这样的改变不是可以选择的。

抱着无助的新生儿，我们心急如焚地等待医生来为达拉恩进行开心手术。我们的心被错愕、恐惧、绝望、愤恨的念头淹没。不愿放开他的小手，不断亲吻他的脸，每个吻都传达着我们深切的祝福与不舍。

执刀的医生们终于来了，谨慎地将达拉恩从我们手中抱走，并向我们保证一定好好照顾他。看着他们的背影，我们的心抽搐着。但我们只能拥着彼此，抚慰心中的恐惧。

在那一刻，我们的关系也变了。对彼此的需求从没有如此强烈过，因为唯有我们最清楚：没有人像我们一样爱我们的小孩；没有人面临我们面临的挣扎；没有人感受我们感受的痛苦。但决不放弃达拉恩的共识，反倒让我们产生一股坚定的力量。然而，令人不解的是，即使在死亡的阴影下，我们仍没有足够的勇气向上帝祈祷，祈求赐予达拉恩生命，这奇怪的念头一直停留在我们脑里。

勇敢的达拉恩熬过了手术。但是，数天之后，他的心脏却完全停止跳动。于是原计划出院的前一晚，他必须再次进行开心手术。我们第一次尝到为人父母的三十六天，却全在医院里度过了。

生活开始像坐云霄飞车一般，心惊肉跳、无法预测。三个月后，我们终于带着达拉恩回家，却发现我又怀了第二胎。我常听说，上帝从不赐给你超过你能掌控的。然而，此刻我已经严重超载了，我无法相信上帝竟认为我能在这么短的时间内再抚育另一个小孩。

预产期迫近时，达拉恩再次入院做开心手术。他一如往常地安然度过手术，而恢复状况良好。

我们的第二个儿子科南于九月出世。为了照顾他，我向学校请假，计划于下个学期开学前再回到学校。下学期开学前一个月，我带达拉恩到医院做心脏检查。得到的结果是几周后，达拉恩必须再接受另一个心脏手术。虽然，达拉恩只有十七个月大，但这将是他第四次进行心脏手术。

这样的诊断结果令我们难以相信。根据医生的说法，第三次手术已是达拉恩最后一次的开心手术。因此，突如其来的第四次手术，就在我们毫无心理准备的情况下进行。况且，我只向学校请了三个月的育婴假，现在因为达拉恩的关系，我必须再多请一个月的假，而且没有薪水。

如此一来，我已用完所有许可的病假，再加上，单薪收入的生活，我们能支撑多久？该如何才能在养育新生儿的同时，也照顾手术后的达拉恩？达拉恩小小的心脏还能承受多少次的手术？他是否能安然度过一次接一次手术的折磨？都是我们必须正视的问题。内心的恐惧，现实的压力，使我们活在绝望中。

圣诞节的脚步一步步接近，但面对达拉恩将于一月再次入院进行第四次手术，担忧的心情已胜过圣诞节欢乐的气氛。在过去，节日一向都是我们生活中相当重要的部分，因此罗伯不愿让圣诞节就这么平淡地过去。于是当他收到参加圣诞节派对的邀请时，他一口就答应了，只为了能再次体验"正常"的生活。我很高兴他决定这么做，也希望他能享受无烦忧的短暂片刻。

那晚，我哄达拉恩和科南入睡后，我铺着床准备上床，这时罗伯恰好回来，他的脸色异常苍白且全身颤抖着。我看见他受惊吓睁开的双眼，没有勇气问他发生了什么事。他以低沉、严肃的口吻说："贝丝，我必须和你谈谈。在回家的路上，我遇见很奇怪的事。我一边开车，一边和上帝说话。"

我屏息听他说，罗伯和我从没有谈过上帝。我们之间寂静的空气中，有着一丝丝的虔诚。我专心地听他继续说下去。

"贝丝，我告诉上帝，如果他必须从我们家中带走任何人，那应该是我，而不是达拉恩。"从罗伯红红的双眼里，我看见在里头打转的泪水。

然后，我感觉热热的掌心拍着我的肩膀，一个温柔、平静的天使的声音出现在我的耳边说："达拉恩会没事的，别担心。"

我似乎被罗伯有力的语气震住，一时不知说些什么，只是盯着他看。不一会儿，我们内心里充满着喜悦与宁静，拥抱在一起。

这是自从我们结婚以来不曾出现的重要时刻。罗伯愿意分享他的神交经历，他让我走进他的灵魂，是我从未感受过的亲密经历。罗伯对儿子的爱深刻得让我感动。

我们的达拉恩果然撑过一次又一次的手术。经历过这一段苦难的日子，罗伯和我的感情也进入更深一层关系。因为共同的信仰，不仅在感情上我们更亲密，精神上也是如此。它让我们坚强、团结，随时做好心理准备面对所有突发状况。我们都相信，罗伯的天使引领我们走入婚姻里更高的境界。因为无须多久，达拉恩又将面临第五次手术。

这次，我们的宝贝，在手术后不久即离我们而去。

虽然亲身体验失去孩子的锥心之痛，但罗伯和我仍心连心一起度过。这力量仿佛就是达拉恩给我们的爱的礼物。内心的苦并不阻挠我们真诚的祈祷、期待神灵及对上帝的信心。如今，我们正准备迎接我们的另一个小天使——达拉恩。

生命感悟：

养育孩子会付出许多艰辛，有时还要承受巨大的痛苦，就像达拉恩的父母一样，儿子的病痛让他们备受折磨，最后，还不得不接受他离去的事实。但是，他们却在同儿子一起与病魔的抗争中彼此依靠，学会坚强，小达拉恩给了他们生活的勇气。孩子是上天赐给父母最好的礼物，"遇见了孩子，就是遇见了世上最好的爱"。

爱能源远流长

○黛比·普劳斯·富尔顿

我承认那是最好的时光，也是最坏的时光。我欣欣地迎接我的第一个孩子时，我那曾经非常有活力、充满热诚的母亲却在一场与脑瘤对抗的战争中，败下阵来。十年来，那个非常独立、有勇气的母亲一直在与疾病搏斗着，但没有一位医生或一种治疗能够成功。但母亲从未失去笑容。但是，她在55岁时还是瘫痪了——不能说话，不能走路、吃东西或穿衣服。

她越来越接近死亡的时候，我体内的小生命也越来越茁壮。我不仅为即将失去母亲而伤心，也为她将永远见不到我的孩子而难过。

我的恐惧似乎十分有道理。我临盆的前几周，母亲陷入了昏迷。她的医生不抱任何希望，医生告诉我们她已病入膏肓。他们说：除非帮她装一条喂食的管子，否则她是永远也不会醒来了。

我们将母亲接回家，让她睡在自己的床上，我们坚持为她做护理，让她感到舒服些。我一有时间就坐在她身边，给她描述小宝宝在我体内运动的情况，我希望她能听到我说的话。

1998年2月3日，大约就在我开始阵痛的时候，妈妈睁开了她的眼睛。在医院里听到这个消息后，我打电话回家，要家人将电话放在妈妈的耳朵旁边。

"妈，妈，宝宝就快出生了！你就快有一个新外孙了，你听到我的话了吗？"

"是！"多么美妙的话语啊！这是几个月来她第一次清楚说出的话！

一个小时之后，我再打电话，妈妈的护士告诉我一件令人难以置信的事：妈妈坐了起来，她的氧气面罩拿掉了，她在笑。

"妈，是个男孩！你有一个外孙了。"

"是！是！我知道!"

五个字，五个美丽的字。

我带着杰伯回家的时候，妈妈已经打扮好，坐在椅子里准备迎接他了。我将儿子放在她臂膀里，眼泪模糊了我的视线。她抱着宝宝，他们打量对方。

他们认识彼此。

接下来的两周，妈妈每天逗弄、拥抱杰伯。有两周时间，她用完整的句子跟我父亲、她的儿女与孙子谈话。那奇迹似的两个星期中，她给了我们太多的喜悦。

当她所有的孩子都来看过她之后，她又陷入昏迷状态，终于远离疼痛和那个再也无法任她随意运用的身体。

对我而言，儿子的出生永远是喜忧参半，但我知道：喜悦与悲伤都是很短暂的，而且通常交缠在一起，爱能够拥有克服这两者的力量，爱能源远流长。

生命感悟：

新生令人喜悦，逝去令人痛苦，然而不论是喜或悲，都是与爱联系在一起的，因为，若人的心里没有爱，便不会有一切喜怒哀乐。

消亡的东西，将不会忘记，因为你曾为此倾注了爱；新生的一切，将倍加珍惜，因为在你的心里，从此将会多一份关怀。

世间万物，此消彼长，唯有爱，亘古长存。

别怕，有我在

○吕金心

卡特琳娜仍然记得初为人母时的喜悦："一个人躺在产房里，我轻轻喘息着，慵懒地玩味那让人既激动又平静、既幸福又新奇的念头——我们有了一个小女儿。这怎么可能，这奇迹竟然就这样发生了？快乐铺天盖地，广阔得让人难以去思去想。我无时无刻不沉浸在这快乐中，脱不了身。在那么多女人成为母亲后，我终于也体会到了初为人母的幸福，每一次孩子的降生都如同耶稣基督降临尘世。我的第一个孩子是个奇迹，一个神圣的谜，叫人措手不及，正如我们无边无垠的爱。"

生命如同在峡谷间穿行，这一刻阳光明媚，下一刻也许会暗无天日。卡特琳娜不知道，在病魔面前，欢乐是那样短暂而虚妄。

医生准确无误地告诉她，他们的女儿克莱芒丝患有先天性智障。卡特琳娜的生命顿时跌入了无边无际的黑暗深渊。她的第一反应居然是，可以让孩子死吗？她想逃避，她无法面对，她无法认定那样不完美的孩子是她带到这个世界上来的。她把女儿克莱芒丝送到了安幼育婴院，交给别人，想摆脱恐惧。

然而，她是母亲，她没办法丢下那样弱小的生命。她不得不学着接受克莱芒丝，也接受自己内心的恐惧，她试图找到与痛苦和解的方式。尽管过程漫长而又令人绝望，但克莱芒丝还是在一天天长大。小克莱芒丝有着她自己的喜怒哀乐。

终于，在这丑陋不堪的生活废墟上，爱还是缓缓升起来了。

卡特琳娜看着小克莱芒丝天真无邪地成长着，快乐变得无边无际，和她一起度过的夏天在记忆里永远那么耀眼。

也不是没有令人窒息的黑暗——正如她自己所言，她有她的局限，她也有害怕、厌恶、不耐烦。很多时候我都可以想象，看着小克莱芒丝生活依旧不能自理时她的愤怒、气恼和绝望，以及夜深人静时深埋心底、挥之不去的梦魇是怎样在暗中不断折磨着她的心。但就是这样，她还是筑起了一道爱之墙——不管如何笨拙，不管经历过怎样的绝望，爱的种子还是悄悄地发芽了。

她一直等到女儿克莱芒丝长到 22 岁时，才有勇气回顾这 22 年来自己的恐惧与收获。

她在书中写道："你的出生是一道伤，而我们俩终于成功地筑起了一道爱之墙，来抵御最初的惊惧。"

更让人感动的是，在卡特琳娜与女儿共同抗争的不懈努力中，她们一直不是孤单的。小克莱芒丝的父亲是摄影大师马克·吕布，他一直守护在她们身边。当痛苦袭来时，马克就听卡特琳娜诉说，直到她说完为止。他会分担她的哀愁，尽管他也有自己的悲伤。其实，他最担心的不是克莱芒丝的智障，而是要不惜一切代价把卡特琳娜从痛苦的深渊中拯救出来。

生命感悟：

罗曼·罗兰说，这世上只有一种英雄主义——看清这个世界的真相，然后爱这个世界。这或许是我们人类面对痛苦时唯一的救赎。

我们无法阻止噩梦的到来，却可以用爱与包容去面对，然后我们抬起头就可以看到：空气、阳光穿梭在破碎的哀伤中，哀伤变得轻盈，变得从此可以承受。

离天堂最近的监狱

○ 吴作望

这是一个地处美国最荒凉的北部、完全与世隔绝的小镇，傍依着一座深幽而绵长的大峡谷，四周全是重峦叠嶂的秃山。汉诺斯像一头负伤的野熊，在渺无人烟的山中乱窜了几天，才绝处逢生逃到这小镇的。

对他这位不速之客的光临，小镇上的人似乎一点也不惊奇，没有人理睬他，各自忙着自己的事，只有两三个孩子围上来，瞅着他嬉笑，其中一个调皮的朝他扔了一块小石头，汉诺斯捡起一看，心里禁不住一阵狂跳。天，竟然是颗天然钻石！汉诺斯还惊奇地发现，另一个小女孩发结下坠着一颗熠熠闪光的红宝石。

汉诺斯咽了下口水，眼中马上流露出贪婪的目光，他伸手抓住小女孩，正欲摘下她头上的红宝石时，一个独眼老者走来了。咳了声，他是这小镇上的镇长。见汉诺斯蓬头垢面，形似野人，身体虚脱得都快站不稳的样子，独眼镇长什么也没问，就将汉诺斯带到家中。汉诺斯环视了下泥糊的矮土房，中间架着炭火盆，碗碟、瓢等用具是用野生南瓜和葫芦剜成的，可当他的目光落到泥墙上时，心不禁又怦怦狂跳了起来，原来，砌入泥墙内的那几块呈深绿色的石头，竟然是极珍贵的祖母绿。

汉诺斯就在独眼镇长家住了下来。

汉诺斯原以为独眼镇长会盘问他，可是十多天过去了，性情古怪的独眼镇长，根本就不问汉诺斯的身份，也不问他为啥会来到这与外界隔绝的地方，汉诺斯实在无法忍受了。他一天都不愿过这种原始部落的火耕生活，他心里只有一个念头：离开此地之前，设法探明那两个孩子及砌入土房泥墙的珍宝来历。

这天晚上，咽下一顿让肠胃发涩的木薯后，汉诺斯主动与独眼镇长聊了起来，并且眉飞色舞，谈起他这些年在纽约花天酒地、如何过着上流社会的奢侈生活等等，不料，独眼镇长听

10

着无动于衷，甚至不屑一顾。汉诺斯有些怏悒了："镇长先生，难道你真的不想知道我这个陌生客人的身份吗？"

独眼镇长瞥了他一眼，半晌，才冷冷地道："这还要我问吗，逃到这人迹罕至地方来的，还能是什么人？"

汉诺斯一下惊怔住了，垂下头之机，避开了对方所剩的那只眼中射出的鹰般的锐利目光，他心里隐约感觉到，独眼镇长年轻时，一定是个桀骜不驯的家伙。

独眼镇长似乎早看出汉诺斯的心思，又面无表情地吩咐："早点休息吧。明天我带你去一个地方。"

第二天早上，独眼镇长带着汉诺斯，来到离小镇不远的安维亚伯达峡谷，这条大峡谷是亿万年前形成的，深幽而绵长，正值河床干枯季节，阳光的照耀下，只见河滩上遍布着各种奇形怪状、色彩斑斓的大小石头。独眼镇长对汉诺斯说："你不是想得到你想要的东西吗，这儿多的是，你自己捡吧。"

独眼镇长说这话时，汉诺斯已经捡到一颗红宝石，又发现脚下一块发出诱人光泽的钻石，而且不远处，还散布着更多耀眼夺目的天然宝石。惊喜若狂之中，汉诺斯脱下了裤子，扎紧裤腿两头当成人字口袋，弯下腰，拼命地朝裤袋子里塞呀塞，直到装不下才罢手。

独眼镇长只在旁边冷冷看着。

汉诺斯将沉甸甸的裤袋背上了肩，也就是那一刻，独眼镇长叹了口气，开口了："汉诺斯先生，像你这种背负罪孽的人，还能回到以前那个世界去吗？"汉诺斯一听，顿时如遭雷击般定住了，眼中流露出一片惶恐和茫然，刚才的惊喜也消失殆尽。慢慢地，装满珍宝的裤袋也无力地从他肩头滑落了下来。

独眼镇长又叹了一口气，自言自语道："当年我逃到这大峡谷，看到河滩上满是各种耀眼的天然钻石、红宝石和祖母绿时，心情就跟你现在一样，惊喜若狂，可是当我把这些沉重宝石扛上肩的那瞬间，我才猛然想到，沦为一个抢劫银行的杀人罪犯，还能回到以前那个世界去吗，等待我的将是遥遥无期的监狱……"

"我仰天号啕大哭起来，大声咒骂上帝，太不公平了！为什么要等到我沦为人犯，逃到这人迹罕至的地方，才将这些财宝慷慨赠给我？可一切都晚了，对于一个连安身之地都没有的逃犯这有什么用呢？"独眼镇长说到这里，看了看汉诺斯，声音也变得沙哑起来，"后来，我终于明白了，这是上帝在拯救我的灵魂，让我睁大眼睛看看，世界上的财宝无穷无尽，而人一旦变成贪婪和邪恶之徒，今生也就踏上一条万劫不复之路。"

汉诺斯也呻吟起来，喃喃地道："不错，我是纽约警方通缉的一名逃犯。"

"汉诺斯先生，"没等汉诺斯说完，独眼镇长马上打断问，"你听说过安维亚伯达监狱吗？"

汉诺斯怔了一下，"听说那是一座十分神秘而奇特的监狱，待在里面的几乎全是终生囚犯，却没有戒备森严的电网高墙，也没有警察看守……而且直到今天，没有人知道它究竟在什么地方！"汉诺斯说到这里，看看鹰般盯视着他的独眼镇长，似乎一下明白了什么，低声地问道，"镇长先生，莫非这儿就是……"

独眼镇长点了下头，幽幽地道："不错，这里正是人们所流传的安维亚伯达监狱。一座上帝安排并让良知未泯者赎回罪孽的世外'监狱'。几十年过去了，这里也繁衍成了小镇。"

"汉诺斯先生，你要想离开的话，我不会阻挡。"独眼镇长走开之前，看看呆住的汉诺斯，"不过我想提醒你一句，在全世界所有的监狱中，再也找不到比这更合适、更让人心灵得到净化的地方了。如果你选择留下的话，你将是'终极监狱'的第51名囚犯，也是镇上正式落户的第116名居民。"

汉诺斯选择了留下来。因为，在他那双充满忏悔的眼中，安维亚伯达也成了离天堂最近的监狱……

生命感悟：

　　人性中的贪婪在财富面前会暴露无遗。而在安维亚伯达，那遍地的珠宝引起的却是对自我的审视和反思：任何珍宝都换不回自由和清白，人终要为自己的行为负责！

12

诺 言

○莫托洛耶

　　阿提尔德站在海边悬崖上想："也许我纵身跳下去，一切就结束了。"

　　阿提尔德是一家著名健身公司的高级设计师。在意气风发时，上帝和他开了个玩笑，让刚进入 30 岁的他遭遇了事业噩梦：费时三年多设计的一款健身器材存在致命缺陷，对使用者的健康有害，公司召回产品，并赔偿了上亿美元。阿提尔德被解雇了，誓言"永远爱他"的女友也甩了他。

　　阿提尔德发誓要伺机报复背叛自己的女友。这时，他身后突然传来一个甜美的声音："先生，你要做什么？"

　　阿提尔德回过头，一个身体显得有些单薄的女孩正紧张地注视着他。女孩兴奋地说："先生，你想游泳吗？我带你去浴场吧！"

　　海风吹拂着女孩鹅黄的裙裾，她缓缓地走到阿提尔德身旁。闻着她身上散发的淡淡香气，他心中的怒火在刹那间平息下来。女孩告诉阿提尔德，她叫赛丽娅，是圣卡塔利娜岛疗养院的健身教练。阿提尔德有些费解："你如此体弱，能做健身教练吗？"赛丽娅用明亮清澈的眼睛看着他说："你想听听我的故事吗？"

　　赛丽娅本是国家体操队的头号种子选手。八年前，时年 17 岁的她在为即将举行的世界体操锦标赛备战时，突然晕倒在训练场上。医生在细致诊断后判定，她的双肺严重病变，不仅无法再支撑她进行高强度体育训练，还必须切除病变肺部。热爱体操的赛丽娅痛苦不堪，但她知道活着比什么都重要。因此，她无奈地选择了退役，并接受了肺切除手术。手术后，双肺只剩下五分之三的赛丽娅不想余生毫无作为，依旧热爱体操的她凭借丰富的经验，应聘到风景优美的圣卡塔利娜岛疗养院的健身中心。目睹学员在自己的教授下身体健康，赛丽娅非常满足和快乐，觉得自己很幸运。

"你拥有完全健康的生命，可比我幸运多了！"赛丽娅热情地说。深受赛丽娅故事感动的阿提尔德这才明白，她以为他站在悬崖边是想自杀。回想起一个月前的经历，阿提尔德有些茫然："我幸运吗？"赛丽娅坚定地说："你真的很幸运！"

回旅馆的路上，穿过一片三叶草地时，阿提尔德发现赛丽娅在专注地寻找什么。良久，赛丽娅开心地叫道："终于找到了！"她俯身小心翼翼地将一株长着四片叶子的三叶草摘到手里。赛丽娅将四叶草递到阿提尔德手里说："四叶草又叫幸运草，现在你拥有了它，你会更加幸运的。"

看着赛丽娅，阿提尔德心里一动："和她相比，我的确幸运多了，至少我拥有健康！""如果你愿意，可以把苦闷讲给我。"

被公司解雇和女友无情地离开后，他害怕看到别人的同情和嘲笑。赛丽娅的微笑，让阿提尔德毫不设防地将种种遭遇讲了出来。

赛丽娅轻声说："人生不可能毫无波折。你的报复除了让你得到片刻快感，还能带来什么呢？一旦报复真正实施。你或许还会为此承受牢狱之灾。"赛丽娅的话如一盏明灯，让阿提尔德的心豁然开朗。

阿提尔德觉得自己真的很幸运，他无法想象，如果没有邂逅她，他今后的人生路会是什么样子。走出心理误区后，他继续留在圣卡塔利娜岛，整理还有些凌乱的心绪。他每天都要去疗养院健身中心锻炼身体，每天都会看到赛丽娅。由于不能剧烈运动，赛丽娅做示范动作时，手脚总是很缓慢。这让她有一种特别的魅力，使阿提尔德看得心跳加快。走出迷茫的阿提尔德也恢复了过去的诙谐幽默，深深地吸引了赛丽娅。在圣卡塔利娜岛上，心心相印的他们迅速沉浸到热恋之中。

走出报复心理的阿提尔德，觉得自己应该再创事业。圣卡塔利娜岛尽管风景优美，却没有他的个人发展空间。因此，阿提尔德决定重返纽约。他觉得赛丽娅就是那个值得自己守护一生的人，他向她求婚并邀请她一起离开。赛丽娅深情地看着阿提尔德说："亲爱的，我暂时不能和你一起离开。如果你能在两年时间里亲自找到一百株四叶草，我就答应你的求婚。在找到一百株四叶草前，你不能联系我。这是对你是否真心的考验哦！"

阿提尔德说："亲爱的，我一定会找到一百株四叶草！"

上帝在和阿提尔德开了一次玩笑后，再次把幸运降临到他身上。回到纽约，他应聘进了另外一家健身器材公司。他没有让老板失望，短时间内设计出的几款新型健身器材获得了良好的市场反响。专心工作之余，朋友们发现阿提尔德有个嗜好，很喜欢到三叶草地里游荡。面对朋友们的疑问，阿提尔德浅浅一笑，什么也没说。

被思念搅动的阿提尔德很想给赛丽娅打电话，但一想到她说的话，他就忍住了。一百株四叶草并不好找，在纽约的大小花圃里，阿提尔德费时两年，终于找到了一百株四叶草。他不想有半分耽搁，急忙休假前往圣卡塔利娜岛。在健身中心，阿提尔德没有见到赛丽娅。健身中心的负责人告诉阿提尔德："赛丽娅半年前因肺病复发离开了人世。离开前，她嘱咐我把这封信交到你手里。"

阿提尔德流着泪来到被一片三叶草环绕的赛丽娅墓地。在三叶草中间，他撕开了她的信："亲爱的，原谅我的不辞而别。当你离开时，我就知道自己肺部病变恶化，明白自己无法陪伴你走过一生。其实我好想陪伴在你身边，但我不能让你看着我的生命走向枯萎，我想让你记住我最美丽的样子。我害怕你回到纽约，在熟悉的环境里再度想起过去，再度生出报复心理，于是让你找一百株四叶草，分散你的注意力。在平均十万株三叶草中才有一株四叶草，要找到一百株，几乎不可能。我相信你在找到一百株四叶草时，一定会忘记过去的……亲爱的，你一定要好好生活，你真的很幸运！"

阿提尔德擦干眼泪，将风干的四叶草放在墓碑上，喃喃自语着："亲爱的，我真正幸运的是邂逅了你，是你让我走向平和，获得了希望和奋斗的勇气！"

生命感悟：

    阿提尔德最大的幸运，是他在对生活心灰意冷、心中充满仇恨的时候遇到了善良美丽的赛丽娅。爱情带着他走出了生活的阴影，重新振奋起来，最终获得了事业的成功。人生里可能会碰到各种各样的不幸，但不屈于命运的勇者总会等到幸运的光临。

生命中爱的链接

○ 里·瑞恩·米勒

一天傍晚，他在双车道的乡村公路上驱车回家。在这座中西部的小镇上，工作节奏慢得就像他这辆破旧的庞蒂亚克汽车。工厂倒闭后，他就失业了，偏又赶上严冬肆虐，寒气逼人。但是他从来没有放弃希望。一路上人迹稀少。他的大部分朋友都已经离开这里了：他们要养家糊口，要实现梦想。而他留了下来，毕竟这里是他父母的安息之地，他就出生在这里，熟悉这里的一切。

他闭着眼都能沿这条路驶下去，还能轻而易举地说出路两旁的情况，甚至连车灯都不用开。天渐渐黑了下来，小雪纷纷落下。着急赶路的他差点就与站在路边的一位老妇人擦肩而过。尽管天色昏暗，他仍能看出这位老妇人需要帮助，便倒车来到她的奔驰车前，并下了车。

尽管他面带微笑，但是老妇人仍心存疑虑。已将近一个小时了，没有一个人停下来帮忙。他会伤害她吗？他看上去面带饥色，并不可靠。他看出了她的紧张，也能理解她的感受：只有恐惧钻进内心才会感到这种寒意。他说："夫人，我是来帮你的。车里暖和，你为什么不进去等呢。对了，我的名字叫乔。"

还好，她遇到的麻烦只是车胎爆了，但对于一个老妇人来说，已经够糟糕了。乔爬到车下，找到支起千斤顶的地方，并很快换好了轮胎。他身上弄脏了，手指的关节处也擦破了皮。老妇人摇下车窗，告诉他说自己来自圣路易斯，刚好路过这里，对乔的帮助感激不尽。乔微笑着关上了她的后备箱。

她问应该付给他多少钱，多大数目她都愿意接受。她想象得出，如果不是乔停了下来，她可能会遇到各种麻烦。乔从来没有想过要钱，换车胎并不是他的工作，他只是在帮助身陷困境的人，过去也有许多人帮助过他。这是他一贯的做人原则。他告诉老妇人，她如果真想报答，下一次看到需要帮助的人时，就伸出援助之手。他一直等到老妇人发动汽车走远后才离开。

尽管度过了寒冷、阴沉的一天，但他在回家的路上却很开心。

行驶了数英里后，老妇人看见一家小餐馆，就想进去吃点东西，以便在踏上回家的最后一段路程之前赶走身上的寒气。小饭店看上去脏兮兮的，门外摆着两个破旧的煤气罐。店里的收银机就像失业演员家里的电话——没有声响。

女服务员走过来，递上一条干净的毛巾，让老妇人擦干湿漉漉的头发。服务员面带甜甜的微笑，虽然站了一整天，那笑容也没有从脸上消失。

老妇人注意到，女服务员已经有了将近8个月的身孕，却没有因为身体的疲劳而改变对顾客的态度。老妇人寻思着：一个财富如此有限的人竟然能够为陌生人付出这么多。这让她想到了乔。

吃完饭后，老妇人递给女服务员一百美元，并趁服务员找钱的机会，径直出了饭店。服务员回来的时候，老妇人已经走了。她不知道老妇人去了哪儿，却发现餐巾纸上写着字。看完老妇人写的字条，她眼中噙满泪水，上面写着："你并不欠我什么，我也有过相似的经历。别人帮了我，就像现在我帮你一样。如果你确实想报答我，就这样做：别让爱的链条在你这里结束。"

尽管还要擦拭桌子、招待顾客，但女服务员认真完成了自己一天的工作。下班回到家里，爬上床的时候，她还在想着老妇人留下来的钱和所写的话。老妇人怎么可能知道，她和她的丈夫是多么需要钱用？

下个月，宝宝就要出生了，日子会很艰难，她深知丈夫同样地焦虑。身旁的丈夫睡得正熟，她轻轻地吻了吻他，温柔地小声说："一切都会好起来的，我爱你——乔。"

生命感悟：

"别让爱的链条在你这里结束！"如果你肯用爱心去帮助每一个遇到困难的人，也将会收获爱的回报。这爱的链条牵引着一颗颗善良的心，为世界编织着美好，点亮了希望的灯。即使我们素不相识，即使我们擦肩而过，这条神奇的锁链依然会把对方变成记忆夜空里闪烁的星，照亮我们的心房，温暖我们的灵魂。

一定找到我的妹妹

〇王发财

意大利北部的一个小镇，夜出奇地静谧。母亲下班回来后，寂寞了一天的小马里奥·卡佩基扑上前来就搂着妈妈的脖子不放："妈妈，我一个人在家不好，很无聊！"

"宝贝儿，妈妈知道，可妈妈要工作养活你啊。不过妈妈想再生个宝宝，这样，妈妈不在家的时候你就不会寂寞了！"母亲说。"真的啊，妈妈？那你要给我生个小妹妹！"小马里奥·卡佩基兴奋地说。直到睡觉的时候，小马里奥·卡佩基仍然沉浸在喜悦中。

星星都慢慢地从山那边爬了出来，月亮女神从寂寞的小马里奥·卡佩基的梦境中滑过后，不经意地摇摆了下裙裾，旋即帮他完成了心愿——一年后，母亲就生下了一个可爱的妹妹。

小马里奥·卡佩基很喜欢小妹妹，没事的时候就守在摇篮边，故意用手指头去戳她的小脸、小嘴逗她，看着妹妹如花的笑靥，小马里奥·卡佩基开始在心中想象着妹妹日后定如公主般美丽。但是，和妹妹在一起的快乐和美好的憧憬，并没有在小马里奥·卡佩基的生活中持续多久。随着一阵阵轰隆隆的枪炮声和防空警报的响起，祖国卷入了"二战"，爸爸被迫去了前线，且不到三个月传来了战死的消息。

天色已经很晚，黑暗笼罩下的世界格外的阴森恐怖，小马里奥·卡佩基抱着妹妹透过门缝儿焦急地向外张望，母亲已经两天没有回来了，"妈妈，你是不是不要我们了，为什么还不回来？"其实小马里奥·卡佩基不知道，此时的母亲已经被纳粹抓走，并关进一个集中营里。

第二天一早，小马里奥·卡佩基决定出去找找妈妈，顺便找点吃的。当他把妹妹放在卧室中安顿好后，就走出了家门。在外转悠了小半天的工夫，小马里奥·卡佩基弄了些面包，在往回赶的路上，防空警报响起，炸弹如雨点般倾泻而下。等他醒来时，已经被一位好心人带离了自己的城市，正随着大批难民向南走去。

"妹妹还在家里，我要回去找她，我要回去找她！"小马里奥·卡佩基呼喊着。

"你还找什么呢？炸弹已经毁掉了整个城市！"同行的人悲戚地说。

"不，我相信她还活着，我能找到她！"说完，小马里奥·卡佩基就往回跑，但除了满眼的废墟、瓦砾和尸体，几乎没有搜寻的可能。小马里奥·卡佩基开始露宿街头，和其他无家可归的孩子混在一起，多数时间都饿着肚子，这种苦难生活直到三年后"二战"结束才好转。

出狱的母亲在意大利的大街小巷寻找了他一年。最后，她在一桥墩下居住的流浪儿中找到了卡佩基，母子抱头痛哭。接下来，他们决定寻找妹妹，但寻遍了意大利各处都杳无音信。

两年后，母亲决定带着卡佩基去美国谋生。此时的他们仍然没有放弃寻找妹妹，母亲把意大利各大寻亲机构寄来的密密麻麻长串长串的名录，反复看了不知道多少遍，但就是没有女儿的音讯。

"孩子，妹妹可能真的找不到了！"母亲沮丧地说。

"妈妈，我相信可以，我相信她还活着！"此时，小卡佩基已经上学了，当时的美国遗传和生物学家沃森发表了关于DNA三链模型的研究报告，并声称，将来人类有可能通过DNA在千千万万人中进行个体、亲属和种群的识别，但这仅仅是设想，现阶段仍处在研究中。卡佩基看到这则消息后，兴奋异常，并开始对遗传和生物学产生了浓厚的兴趣。

此后，心中的夙愿点燃了卡佩基的激情，他不仅获得哈佛大学生物物理博士学位，而且师从DNA双螺旋结构发现者、诺贝尔生理学和医学奖获得者詹姆斯·华生，一直致力于遗传学研究。2007年10月8日，瑞典卡罗林斯卡医学院宣布，将2007年诺贝尔生理学及医学奖授予卡佩基和另外一位科学家，以表彰他们在"基因靶向"技术方面的突出贡献。此时的卡佩基已经70岁。

天空几朵云彩在漂泊，夕阳迟迟不忍落下，熟悉卡佩基的朋友都知道，他还有一个愿望没有实现。就在此时，玛列妮从奥地利报纸和电视上看到马里奥·卡佩基的名字时，不禁激动得浑身颤抖。她感觉这位诺贝尔奖得主很像她在意大利时"死去多年"的哥哥！不久，玛列妮将一组近照传给了远在美国盐湖城的卡佩基。收到照片后，卡佩基一眼便认出了和母亲长得实在太像的妹妹。

2008 年 5 月 23 日，这对失散六十多年的兄妹终于在意大利北部的一个饭店重逢。虽然卡佩基不会说德语，玛列妮不会说英语，而两人又都不会说意大利语，但他们的两颗心却在不停地对话。两位年已古稀的老人各自拿着对方的照片，紧紧相拥、泪如泉涌。

生命感悟：

面对苦难时，信念可以用来拯救内心世界。信念，仿佛一道电光闪过脑际，一丝智慧的雨露注入心田。有时，我们做不到不失去，但却可以在失去后坚持不放弃。无论多么多的痛苦，生命的意义总要去实践。

我们走在自己的生命中，无论多么困难，有信念，才会走向远方……

让母爱之心再跳 48 小时

○汪 洋

　　头疼突如其来，转瞬间便让她陷入了昏迷之中。看着刚刚还有说有笑的妻子，深爱她的丈夫极度惶恐，赶紧拨打了急救电话。

　　在等待急救医生的时间里，丈夫紧握着她的手，不停地祈祷着："亲爱的，上帝一定会保佑你和我们的孩子平安无事的！"或许，上帝真的听到了丈夫那虔诚的祈祷，尽管仰躺着的她双眼紧闭、脸色苍白，但丈夫仍能感觉到她微弱的脉搏跳动。

　　41 岁的她已经怀孕 26 周。她和丈夫相识于阿联酋的阿布扎比。尽管她比丈夫大十多岁，但她在生活中展示的坚强不屈依旧深深地打动了他。结婚后，她最大的心愿就是做一个好母亲。然而，老天总是戏弄她，让她数次怀孕，却又莫名其妙地数次流产。尽管如此，她并未停止祈盼，坚信她和丈夫一定会有一个活泼可爱、聪明伶俐的孩子。又一次怀孕，让望子心切的她欣喜若狂。医生告诉她，流产导致她的子宫非常脆弱，如果这次不能顺利生产，她今后可能再也无法怀孕。看着一天天长大的肚子，她深情而坚定地对丈夫说："哪怕性命不保，我也要生下这个属于我们的孩子！"

　　沉陷在昏迷之中的她，被紧急送到了牛津市的约翰·雷德克里夫医院。医生立即对她进行了抢救，以期能挽救她和胎儿的生命。在抢救中，医生找到了她突然昏迷的原因：在她的脑部有一个仅几周内快速生长的恶性肿瘤，它挤压脑部主血管，并导致其突然破裂。

　　尽管丈夫在手术室外不停地虔诚祈祷"上帝保佑"，医生也拼尽了全力。但在抢救数小时后，医生还是不得不宣布了令人沮丧的结果：她在被送到医院时，已经处于脑死亡状态。这也就是说，从医学角度来看，她的生命已经消亡，无论采取什么方法，都不可能再得到挽救。但令医生费解的是，在脑死亡后，她的心脏一直顽强地跳动着，尽管显得那样微弱。

在她被送进医院的那一刻，医生们一直关注着她子宫中的胎儿情况。医生们不可思议地发现，尽管她已经脑死亡，但顽强的心跳，依旧在绵绵不绝地为子宫中的胎儿输送必需的养分。鉴于胎儿一切正常，院方把抢救重点转移到了她腹中的胎儿身上。

由于担心已经脑死亡的她心跳随时会停止，医生们决定用生命支持系统维持她的心脏跳动，并注入大量类固醇，帮助胎儿的呼吸系统发育。在实施这一过程时，医生告诉她的丈夫："只要她的心跳能再坚持48小时，腹中的胎儿就有希望活下来。"看着病床上神态安详的妻子，丈夫再次握紧她近乎冰冷的手，喃喃自语："亲爱的，你会成功的！"

或许其他人不知道她在医学死亡良久后，为什么心脏还能顽强地跳动。但丈夫知道是什么力量在支撑着她的心跳，是她渴望和热爱孩子的那股信念，一直让她的身体没有放弃。

她躺在病床上，时间一分一秒地缓慢流逝着。48小时，原本也就是两天两夜的时间，但这两天两夜对于观望和等待的人们来说，比1年甚至10年还要漫长。

正如她丈夫知道的那样，她的身体没有放弃，一直在顽强地坚持着。在经历了漫长的48个小时之后，医生们通过手术，顺利地把她腹中的婴儿接到了人间。尽管婴儿的体重只有950克，但其他一切正常。被她顽强生命感动的医生，将新生的女婴放到了她的肩头片刻，而后关闭了她的生命支持系统。其实，在将婴儿放到她肩头的那一刻，医生们就不可思议地发现，她的心跳戛然而止。因此，医生们认为，在脑死亡后，她的身体依旧坚持了这么长时间，的确就是在等待孩子降生的那一刻。见惯了疾病死亡的医生们，也禁不住热泪盈眶。

怀孕之初，她和丈夫决定，如果生下男孩就叫阿里，女孩叫玛吉。但看着与妻子有几分相像的女儿，丈夫决定给孩子取名阿娅。阿娅意为"奇迹"。丈夫热泪长流，他知道，这个奇迹是他女儿的母亲用母爱所创造的。

这是一件真实的事情，它发生在英国。事件中的她叫简妮

·苏莱曼，是世界著名滑冰运动员，曾获得 1989 年英国自由滑冰冠军，当时世界排名第 7。一贯坚强不屈的简妮·苏莱曼，用脑死亡后的 48 小时心跳，向我们宣告，不放弃的母爱力量可以超越死亡。

生命感悟：

没有谁会相信，在脑死亡 48 小时后，顽强的心跳却创造了生命的奇迹。对于这个奇迹的诞生，唯一的原因可能是那颗对孩子的强烈渴望和热爱之心，那股渴望和热爱的信念在支持身体决不放弃。是的，只要不放弃，就能创造奇迹。

2 成长

追逐生命的阳光

路漫漫其修远兮，吾将上下而求索。

生命中不可能处处有鲜花，时时有掌声。也许我们勤于耕耘，可是愧对收成；也许，探索的风景山重水复，却总是不见柳暗花明；也许，我们年轻的信念会被千年淀积的尘雾缠绕，而不能展翅翱翔。但是，生命的大海波澜起伏才恢宏壮阔，人生之路因为坎坷不平才多姿多彩。

日子，如同手中的扑克牌，摸到了什么牌并不重要，关键是如何漂亮地打出去。

不断求索，可以作为生命的意义。

生命不在于冲动，也不全在于辉煌。更多时候，生命就在于点点滴滴美好的关照知遇之中。平平淡淡的日子里，总有一些细小的浪花泛起，一串串浪花，勾织着生命世界的希望和乐趣。天晴也好，天阴也罢；刮风也好，下雨也罢，用欣赏的眼光去看，总是风景，总是美妙。

即便生活简单而单纯，也有不一样的滋味，其间更是渗透着关于生命的探讨，深奥的人生哲理。

当看不清眼前的道路，请倾听生命的召唤。这并不是强迫自己去追逐能力范围以外的，而是要接受自己与生俱来的宝藏。

走过黑暗与忧郁，为所有寻找生命中真实呼唤的人，照亮一条通往完满人生的路径。

人生真是充满了幸运和偶然。也许，在某一时刻，在偶然经过的路口，真的会遇到智慧的人。他会平静地对你说——

你也可以这样去寻找你的答案。

爱心花篮

○阿勒瑟·简·林斯德姆

　　我试着用爱填满玛丽空洞的心灵，但似乎一切的努力都没有回应，爱，是否能让奇迹发生？

　　"有一个新学生在你的教室里等着呢，"我上楼梯的时候，校长一边急急忙忙地从我身边走过，一边向我说，"她的名字叫玛丽。我必须跟你说说她的情况。稍后，请你到我的办公室来一下。"

　　我点头说："好的，我们今天早晨要制作一些情人节用的大信封。这将是把她介绍给同学们认识的好机会。"

　　虽然这才是我教四年级的第三个年头，但我已经知道孩子们有多么喜欢情人节了。而制作色彩鲜艳的大信封，把它们贴在课桌前面是深受他们喜爱的一项活动。我想玛丽一定也会被同学们的兴奋所感染。

　　一开始，我没有看见她。她坐在教室后面的座位上，双手文静地叠放在膝盖上。她的头低垂着，那长长的、浅褐色的头发向前滑落，轻柔地触碰着她那细嫩的、隐藏在头发阴影里的面颊。

　　"欢迎你，玛丽。"我说，"很高兴你加入到我们的班级里来。今天早晨，你可以制作一个大信封，用来装你将在班里情人节聚会上收到的礼物。"

　　没有响应。难道她没有听见我说话？

　　"玛丽！"我又说道，这一次我说得缓慢而清楚。

　　她抬起头，看着我的眼睛。那双空洞的、孤独的、毫无表情的眼睛，使我脸上的微笑凝固了。

　　上课的铃声响了。当孩子们看见讲台上的那些用来制作情人节礼物的材料时，他们异常兴奋。

　　刚上课的时候，我向全班同学介绍玛丽。但她没有作出任何回应，孩子们似乎感到没趣和困惑。为了转移他们的注意力，我迅速把用来制作信封的材料分发给学生们，并且提供了多种制作和修饰信封的建议。我也把材料放在了玛丽的课桌上，请与她坐得最近的克里斯蒂帮助她。

看到孩子们都在高高兴兴地制作信封，我偷偷地逃出了教室，来到校长办公室。校长告诉我："这个孩子一直都跟她的母亲很亲近，几星期前的一个晚上，有人闯入他们家的房子，当着玛丽的面，开枪打死了她的母亲。玛丽逃出了家，尖叫着跑到一个邻居家。然后，她晕了过去。从那以后，她就再也没有哭过，也没有再提到过她的母亲。"

校长叹了口气，然后继续说："政府当局送她到这儿来和她唯一的亲戚——一个已经离婚的姨妈一起居住。她为玛丽在学校注了册。她自己还有三个年幼的孩子要抚养，玛丽的出现只不过又给她增加了一份负担和责任罢了。"

"可是，我能做些什么呢？"我结结巴巴地说道，"我以前从来没有接触过这样的孩子。"我担心自己不能胜任。

"给她爱，"她建议道，"很多很多的爱，还有祈祷和信念。只要你不丧失希望，你的信念将会使她重新成为一个正常的小女孩。"

我回到教室里，发现孩子们都在避开这个"异样的"孩子。但是玛丽并没有注意到这一点。就连一向温和亲切的小克里斯蒂看起来也像是受到了侮辱似的。"她甚至不动手试一试。"她告诉我。

我请人送了一张字条给校长，要求她暂时把玛丽从教室里带走一小会儿。我必须在下课之前、在孩子们能够有时间嘲笑她"异样"之前得到他们的帮助。

"玛丽曾经受到过很深的伤害，"我温和地向孩子们解释道，"她变得如此安静是因为她害怕再受到伤害。你们瞧，她的母亲刚刚去世，这个世界上再没有别人来爱她。你们必须有非常多的忍耐力和理解力。也许要经过很长一段时间，她才能够重现笑容并且加入到你们中间来，但是，你们可以做许多事情来帮助她。"

孩子们一旦理解了某件事情，他们就能够变得多么富有爱心啊！在情人节那一天，玛丽的信封被同学们的礼物塞得胀鼓鼓的，甚至溢了出来。她看了每一张卡片，但没有发表任何评论，并且在看过之后又把它们重新放回到信封里。

她来到学校的时候，身上穿的衣服很单薄。在冬天那凛冽刺骨的寒风中，她缩着双肩，瑟瑟发抖。她那双由于没有戴手套而被冻伤的手流出了殷红的鲜血，但她似乎忘记了手上的疼痛和寒冷的感觉。我在她外衣上缝上了纽扣，孩子们则带来了帽子、围巾、羊毛衫和手套。克里斯蒂像一位体贴的小母亲一样，在玛丽要到教室外面去的时候帮她穿好衣服，并且坚持在上学和放学的时候和她一起走。

寒冷的三月慢慢走远了，但是，尽管我们付出了种种努力，我们好像还是没有能够接近玛丽。就连我的信念也疲惫得淡薄起来。我的心深深地绝望而疼痛，我想要这个孩子复活，想要她意识到美丽、惊奇和乐趣。

在三月底的一天，班里的一个小男孩兴奋地报告说校园里有一只知更鸟。我们全都拥挤着趴在窗前观察它。"春天到了！"孩子们叫道，"让我们用花朵来装饰教室吧！"

为什么不呢？我想：只要是能够提起我们的兴致、使我们的精神愉悦的事情，都是值得去做的。这一次，我们选择了美丽的彩色纸，把褐色的彩带编进花篮里去。我教孩子们应该如何编织花篮，以及如何塑造所有花朵的样式。我把美丽的彩纸放在了玛丽的课桌上，并且鼓励她动手试一试。然后，我就让孩子们自己去创造，去编织。

突然，克里斯蒂急急忙忙地跑来，她的脸通红通红的。"过来看玛丽的篮子，"她大声嚷嚷着说，声音里充满了惊喜，"它是那么的美丽！你绝不会相信！"

看到那个小小的花篮，我被它的美丽惊讶得屏住了呼吸。我仔细地端详着它。那轻轻地卷曲着花瓣的风信子、含苞待放的水仙花、设计精巧的番红花和精致优雅的紫罗兰——其制作之精巧，使人不敢相信它居然是出自于一个像玛丽这么小的孩子之手。

"玛丽，它真漂亮。你是怎么做出来的呢？"

她闪动着一双亮晶晶的眸子看着我，那是任何一个正常的小女孩都会有的一双眼睛。"我的母亲喜欢花，"她简单地说，"所有这些花在我们家的花园里都能够找得到。"

"谢谢你，上帝！"我在心里默默地念叨着。你把我们期待的奇迹赐给了我们。我伸出胳膊搂住这个孩子，接着，眼泪涌出来。她趴在我的肩头伤心地哭泣起来。其他孩子们也都跟着哭了，但是他们的眼泪，和我的一样，是喜悦的泪水。

我们把她制作的花篮放在教室前面的花圃正中央。暑假的前一天，玛丽把她花篮里的番红花拿出来，递给了我。"这是给你的！"接着，她给了我一个热情的拥抱和一个甜蜜的吻。

生命感悟：

每个人都会遇到挫折，如果生活和命运冷落了你，别气馁，也别失望，爱能够唤醒被痛苦冰封住的心。无论你曾遭受过多大的痛苦，只要你的心里还有爱，只要你还能感应到来自别人的关怀和爱心，就一定能振作起来，快乐地生活下去。而当你用一颗真诚的心去对待别人的时候，也会收到世界上最珍贵的礼物，那便是来自灵魂深处的感动和幸福。

爸爸，请陪我走一走

○ 凯文·休斯

我的妻子凯茜把我们一家四口在海滩上玩一天需要的所有东西都打进包裹里了。

在我们抵达海滩后不久，我们的长女凯维娜就转身面对着我，问道："你愿意陪我走一走吗，爸爸？"

"当然，"我漫不经心地回答，"让我们叫上你的妈咪和凯莉莎一起去进行探险。"

"不，爸爸，只有你和我，请求你。"凯维娜恳求着说。

凯维娜牵起我又老又粗糙的手，于是，我们一起出发了。在一阵温和的沉默之后，她开始像海洋一样把我纳入到她的世界中。她说："爸爸，你只听，不要打断我，好吗？"

那很容易，我想。"好的。"我说。

"我想和你一起走走，是因为我想为我的生活感谢你。"

当她的这句话落入我的耳鼓的时候，我的脚不知被什么东西轻轻地绊了一下，我的心也被某种情绪拖得滞重迟缓。我张了张嘴想说点儿什么，但我想起刚刚许下的诺言，就继续沉默着，没有说话。

"如果我死了，我希望你知道我生活得很幸福。别以为我这样说是表明我就要死了或者其他什么。我只是希望你知道我爱你。你是一个好爸爸，你带我们到处旅行，去洞穴、高山、夏威夷……到处都有我的朋友，而最重要的是，我真正是像一个孩子一样生活。我的许多朋友为他们的妈妈和爸爸担心，有些则为钱担心，还有一些为他们将在哪儿居住担心。而我只担心一些属于孩子的事情。你爱妈妈和我们，我们全家是一个整体。因此，如果万一我发生了什么事，我希望你知道我为我的生活和为有世界上最好的爸爸而感谢你。现在，我们可以回去了。跑啊！"她急速地向前跑去，留下一连串的笑声。

我收拾起被感动的心情，嘴里咕哝了一句祈祷词。我努力想跑，但是我跑不了。要跟上她实在是太困难了，因为我的视线被一阵泪水的迷雾遮住了。

生命感悟：

　　大多数人的生活都是在平淡中度过的，你或许天天抱怨人生平庸，抱怨被琐事缠绕、烦恼不断，但抱怨的时候，可曾意识到，还有好多事值得回味和珍惜，还有好多人值得感谢和回报？活着，即使很平淡，即使微不足道，即使天天被琐事困扰着，但还有很多美好的事能让我们体会生活的意义，只是"习惯"遮上了我们心灵的眼睛，让我们觉得一切都是理所当然的。感激你拥有的一切吧，怀着感恩的心生活，这样才不会虚度人生。

孤儿杰里

○麦杰瑞·金南·罗林茨

那时，我正住在卡罗来纳州的烟雾山中。时值深秋时节，山里空气清新，安详静谧，既远离了都市的喧嚣，也没有了尘世的烦扰，正是我潜心写作的好去处。不仅如此，闲来的时候，我还可以到户外去看一看秋天的红叶，听一听寒鸦的聒噪，那份自由，那份自在，那份宁静，那份孤独，都让我体会到了一种从未有过的激动。在山上那所属于孤儿院的小房子里，我独自一人尽情地感受着这一切，享受着这一切。

在我刚搬进这所房子的时候，我请孤儿院的院长为我派一个男孩过来，帮我劈点柴，以备壁炉生火之用。

大约过了一个星期，有一天，我正坐在书桌前埋头写作，发现有一个小男孩正站在我的面前。我不禁大吃一惊！而我的爱犬帕特没有像以前那样一见到生人就大叫不止，它今天竟然一声也没吭。我打量了一下眼前的这个小男孩，只见他上身穿着一件被洗得几乎透明的衬衫，下身穿着一条又破又旧的裤子，而脚上却没有穿鞋，不知道是有鞋没穿呢，还是根本就没有鞋子。

"我是来劈柴的。"他说。

"可是我已经从孤儿院里找了一个男孩来了。"

"就是我。"

"你？"我皱起眉头，"可你太小了。"

"哦，夫人，您别看我小，我都能把牛奶搬到婴儿室去了。有时，我还能搬两趟呢！"

"但是，劈柴应该是大人干的活啊，怎么能让你来干呢？"

"我熟悉各种各样的木材，夫人，"他微笑地对我说，"我在孤儿院里都劈了很长时间的柴了。"

"既然如此，那好吧，给你斧子。去吧，先劈着试试看。"

他接过斧子转身向院子里走去，而我则又坐回书桌前，继续我的写作。第一声斧头劈开木材的声音传来，我还有些担心，思路稍稍受到了一些影响。但是，很快，那一下一下的劈柴声就变得非常有规律起来，这时我才放下心，又全神贯注地写将起来，一直写到日薄西山。

当夕阳缓缓地落到紫色的冷山背后，我听到他的脚步声正向我的房门走来。"我得回去吃饭了，夫人。明天下午我还会再来的。"

"哦，请等一下，我要付给你钱。"

我走出屋子，和他一起来到院子里看他劈的柴。只见，紧挨着房子的墙边，整整齐齐地堆放着一大堆劈好的木柴。"哦，这么大一堆木柴！你劈了这么多，简直就像一个大人一样。"我一边说一边拿出一些钱给他，"明天你再来干吧。非常感谢你！"

他叫杰里，今年12岁了，他4岁时就来到了这家孤儿院，至今已经九年了。

看着他的背影，我想，他4岁时的样子一定和现在一样，一样有着一双炯炯有神的灰色的眼睛，一样有着正直、勇敢的品质。诚然，正直就意味着诚实，但是，却又不仅仅只是诚实。比如，有一天，斧柄突然断了。杰里说孤儿院有人会修。于是，我拿出一些钱递给他让他把斧子拿回孤儿院去修。但他却坚决不要我的钱。"我会付钱给他的，夫人。是我把斧柄弄断的，是我没劈对地方。"

"但是，杰里，任何人都不可能一直劈在正好的地方的。是斧柄不结实，我会去找那个卖斧头的人说的。"直到这时，他才收下钱。

还有一件事情也很特别。杰里会做一些看起来似乎不是很必要但却又很有用的事情，这些事情虽然都很小，甚至微不足道，但可以改善你的生活，让你的生活更舒适。当然，这些小事情只能用心去做，不是培养和教会的。

在壁炉的旁边，杰里发现了一个小洞，"夫人，我去拿一些木头来把它堵上，这样，即使暴风雪来了，您待在屋里也会很暖和的。"

还有一天，他发现屋外的小路上有一块石头松动了，于是，他搬来一块大一点的石头，对我说："我把坑挖深一点，再把这块大石头放进去。这样它就不会再松动了。"

日子就这么一天天过去了。杰里和我的爱犬帕特渐渐地成了亲密的朋友。也许是因为小孩与狗之间比成人与狗之间拥有更多的共同点的缘故吧，比如脾性，比如智慧，等等。

在一个寒冷的日子里，杰里紧挨着我坐在壁炉的旁边，帕特则依偎在他的身旁。我们都默默地注视着壁炉里熊熊燃烧的火苗，若有所思。突然，杰里对我说道："您看上去真像我的妈妈，尤其是坐在壁炉旁的时候。"

"但是，杰里，你到孤儿院来的时候才4岁呀。你还能记得你妈妈吗？"

他点了点头，说："我妈妈就住在曼维尔附近。"

他竟然还有妈妈？这不禁令我大吃一惊。同时，对他的妈妈，我也感到非常气愤。我不明白，她怎么能够忍心抛弃这么可爱的孩子呢？尽管这所孤儿院还真是不错，人们都非常善良仁慈，孩子们一个个都非常健康。但是，他的妈妈究竟是什么样的人呢？我心里有太多的疑问，却又不敢直截了当地问杰里，生怕会勾起他对那些辛酸往事的痛苦回忆。因此，我只好小心谨慎地问他："那最近你见过妈妈吗？"

"每年夏天我都去看她。她会让人来接我的。"

哦，上帝！我真是越来越搞不懂了。我真想大声问他："那你为什么会在这儿？为什么你不和她在一起？她为什么又让你离开她？"但是，我什么也没说。

而杰里却继续说着，并且可以看得出，他的心里充满了幸福。"而且，只要有可能，她都会从曼维尔来这儿看我。但是现在，她失业了。她原来想送给我一只小狗，但是他们说孤儿院里不准养狗。所以她就送给了我一套漂亮的礼服。去年圣诞节，她又送给了我一辆自行车。我还让别的孩子也和我一块儿骑呢，当然，他们得答应我不把自行车弄坏才行。"

听着杰里的叙述，我竭力地梳理着思路，希望据此能够看清他的妈妈，哪怕只能看清一个轮廓。很显然，她还没有完全忘记杰里。但是，这一切究竟是为什么呢？难道仅仅是因为贫穷吗?

杰里仍旧在述说着,声音里满是幸福的感觉。"我打算用您给我的钱给她买一副手套,白色的那种。她喜欢白色的手套。"他用一种非常温柔的语调说道。

这时,我除了说"嗯,好,那很好"之外,什么都不想说,因为,我恨他的妈妈。事实上,对一个孩子来说,除了面包之外,他还需要另一种食物———一种精神上和心灵上的食粮,而这种食粮却只有母亲可以给予。可是杰里的妈妈呢,她抛弃了杰里,住在遥远的曼维尔,但是,小杰里却还打算给她买一副她喜欢的白手套。

也许是出于一个作家的职业习惯吧,我决定在离开烟雾山之前,去曼维尔见她一面,和她谈一谈,问她为什么要把小杰里一个人留在孤儿院。但是,遗憾的是,我的作品终于写完了,我却要出发去墨西哥旅游,没能去见杰里的母亲。

当我准备离开的前一天,我对杰里说:"杰里,你是我的好朋友,我会经常想念你的,很想很想你。明天我们走了之后,帕特也会很想你的。"

他没有回答。只是默默地转过身,向山上爬去。望着他瘦小的背影,我多么希望他第二天能再来这儿啊,但是,他却没有来。

第二天,我把我所有的行李都装上车,然后关上房门,把车开到孤儿院去和杰里道别。我告诉孤儿院的院长说,我就要离开这儿了,想和杰里道个别,麻烦去把他喊来。

院长面露难色地说:"实在对不起,我不知道他在哪儿。我担心他可能生病了。他连饭都没有吃,有个孩子说看到他一个人到树林里散步去了。"

这时,我那颗沉重的心感到些许轻松。说实在的,我讨厌道别,尽管我知道,今后我再也见不到他了。这种告别方式,对我们两个来说或许都是最好的选择。

"这儿有一些钱,"我说,"您能用这些钱在他生日和圣诞节的时候给他买些礼物吗?我本想给他买的,但我怕会和他妈妈买重了。由您来买的话,他就会得到不一样的礼物了。嗯,怎么说呢，比如，不会得到两辆自行车。"

这时，她以一种异样的眼神看着我，说："自行车？山里可没有多少地方能骑自行车的！"

哦，上帝，她真是愚蠢！我感到有些烦躁。"我的意思是，我不希望我买给他的东西，他的妈妈已经给他买过了。如果不是听说他妈妈已经给他买过一辆自行车的话，我可能也要给他买一辆了。"

她仍旧以那种异样的眼神看着我。良久，才缓缓地说："我听不懂您在说些什么。不过，我要告诉您的是，他根本就没有妈妈，也没有什么自行车。"

生命感悟：

对母爱的渴望让小孤儿杰里幻想出一个身处远方却时时惦念着他的妈妈。仿佛他只有沉醉在这样的人生慰藉中，才能让自己缺失的母爱得到一点儿补偿。和小杰里相比，时时沉浸在母爱中的孩子们，就算是每天听着母亲喋喋不休的唠叨，也应该是一件极其幸福的事啊！

不只有你从贫穷中长大

○格雷戈·弗兰克林

那是一个春天的下午，在我高中的自然课上，每个学生都被要求熟练地解剖一只青蛙，以证明自己掌握了解剖学这门课程。我们按照姓名的顺序依次走上讲台，今天轮到我了，我早早就做好了准备。

我穿着我最喜欢的一件格子衬衫——我认为这件衣服让我显得很精神，别人也都说这件衣服很衬我。对于今天的试验，我事前已经练习了很多次了，我充满信心地走上讲台，微笑着面对我的同学，抓起解剖刀准备动手。

这时，一个声音从教室的后面传来，"好棒的衬衣!"

我努力当它是耳边风，可是这时又一个声音在教室的后面响起，"那件衬衣是我爸爸的，他妈妈是我家的佣人，她从给救济站的口袋里拿走了那件衬衣。"

我的心沉了下去，无法言语。那可能只有一分钟的时间，但对于我却像是数十分钟之久，我尴尬地站在那里，脑中一片空白，所有的目光都聚焦在我的衬衣上。我曾经凭自己出色的口才竞选上了学生会的副主席，但那一刻，我生平第一次站在众人面前哑口无言，我把头转到一边，然后听到一些人不怀好意地大笑起来。

我的生物老师要我开始解剖，我沉默地站在那里，他再一次重复，我仍然一动不动。过了一会儿，他说："弗兰克林，你可以回去坐下了，你的分数是 D。"

我不知道哪一个更令我羞辱，是得到低分还是被人揭了老底。回家以后，我把衬衣塞进衣柜的最底层，妈妈发现了，又把它挂到了前面的显眼处。我又把它放到中间，但妈妈再一次把它移到前面。

一个多星期过去了，妈妈问我为什么不再穿那件衬衣了，我回答："我不再喜欢它了。"

但她仍继续追问，我不想伤害她，却不得不告诉她真相。我给她讲了那天在班里发生的事。

妈妈沉默地坐下来，眼泪无声息地滑落。然后她给她的雇主打电话："我不能再为你家工作了。"她对他说，然后要求对方为那天在学校发生的事道歉。在那天接下来的时间里，妈妈一直保持着沉默。在我的弟妹们去睡觉后，我偷偷站在妈妈的卧室外，想听听事情的进展。

　　含着泪水，妈妈把她所受到的羞辱告诉父亲，她是怎样辞去了工作，她是怎样地为我感到难受。她说她不能再做清洁工作了，生活应该有更重要的事情去做。

　　"那么你想做什么？"爸爸问。

　　"我想做一名教师。"她用斩钉截铁的口气说。

　　"但是你没有读过大学。"

　　她用充满信心的口气说："对，这就是我要去做的，而且我一定会做到的。"

　　第二天早晨，她去找到教育部门的人事主管，他对她的兴趣表示欣赏，但没有相应的学位，她是无法教书的。那个晚上，妈妈，一个有七个孩子的母亲和一个从高中毕业就远离校园的中年女人，和我们分享她要去上大学的新计划。

　　此后，妈妈每天要抽九个小时的时间学习，她在晚餐桌上展开书本，和我们一起做功课。

　　第一学期结束后，她立即来到人事主管那里，请求得到一个教师职位。但她再一次被告知，"要有相应的教育学位，否则就不行。"

　　第二学期，妈妈再次去找人事主管。

　　他说："你是认真的，是吧？我想我可以给你一个教师助理的位置。但是你要教的是那些内心极度叛逆、学习缓慢、因为种种原因而缺乏学习机会的孩子们，你可能会遇到很多挫折，很多老师都感到相当困难。"

　　妈妈为了得到这个职位而欢呼雀跃。

　　每天一大早，她帮我们做好去学校的准备，然后赶去工作，下班后回家做晚饭，闲暇时还要坚持学习。这对于她不是一件轻松的事，但却是她想做的，也是她所热爱的。妈妈在将近五年的时间里，都是一个特殊教育中心的教师助理，而这一切，都缘于那天我在教室里受到的轻率的评论。

妈妈用她的行动在告诉我，怎样面对自己所处的逆境，并勇于挑战，而且永不放弃。

对我而言，那天我收好课本离开教室时，我的生物老师对我说："我知道，这对你来说是艰难的一天，但是，我会给你第二次机会，明天来完成这个任务。"

次日，我在课堂上解剖了青蛙，他改了我的分数，从D变成B。我想要A，但他说："你应该在第一次就做到，这对其他人不公平。"

当我收起书走向门口时，他说："你认为只有你不得不穿别人穿过的衣服，是吗？你认为只有你是从贫穷中长大的人，是吗？"

我用肯定的语气对他说："是！"

我的老师用手臂环绕着我，接着给我讲述了他曾经在绝望中成长的故事。在毕业的那一天，他被别人所嘲笑，因为他没钱买一顶像样的帽子和一件体面的礼服。他对我说，那时，他每天都穿同样的衣服和裤子到学校。

他说："我了解你的感受，那时我的心情就和你一样。但是你知道吗，孩子？我相信你，我认为你是出众的，我的内心感觉得到。"

我再次无语。我们两个极力忍住眼泪，但是我能感觉到他的爱——一个白人教师对一个年轻黑人学生的爱。

我竞选上了学生会的主席，我的生物老师成为我的指导顾问。在我召开会议的时候，我总是寻找他的身影，而他会对我翘起大拇指——这是一个只有他和我分享的秘密。

在那天我认识到，我们都是一样的——虽然我们有不同的肤色、不同的背景，但是我们的许多经验是一样的，我们都希望快乐，都希望追求生活中更美好的事情。

生命感悟：

哀莫大于心死。当你沮丧失落的时候，要知道，你并不是孤身一人，更不是被幸运之神遗弃的可怜虫。因为每个人都会遭遇挫折，只有心怀希望的人才能凭借自己的努力走出困境，获得快乐，去创造美好。

传递光明

〇乔·菲茨杰拉德

　　在宾夕法尼亚州一个平静的城镇。茱迪一家是镇上仅有的几个犹太家庭之一。圣诞节的晚上，城镇街道和家家户户都灯火通明。唯独茱迪的家里，只在窗台上放着一盏烛火。它在告诉人们，今天也是犹太人的光明节。

　　凌晨5点左右，茱迪夫妇被砸窗子的声音惊醒。他们跑下楼去，看见窗玻璃碎了，灯盏也被摔坏了。看样子是有人用球棒打的，而拿棒子的人一定是越过树丛到达窗外的。

　　对茱迪一家来说，这种袭击会勾起他们对复杂经历的痛苦回忆。茱迪的父母和公婆都是奥斯维辛集中营的幸存者，再上一辈人都死在那里。当年，纳粹德国迫害犹太人的标志性开端就是"砸玻璃之夜"。为了不吓着父母和孩子们，她并没有把昨晚的事告诉他们。

　　那天早上，不断有邻居来她家表示慰问。其中一位邻居表白自己的心意，她说："我知道灯火的故事，它是上帝创造的奇迹。这个典故在基督教创立以前就有了。当犹太人收复耶路撒冷的时候，看到犹太神庙已经破败，而要重开祭祠，只有一点点灯油。然而，这盏灯在点亮以后竟燃烧了八个夜晚。"茱迪说："那是我们共同的上帝创造的奇迹，为什么有人要对爱的象征表示仇恨呢？"

　　让茱迪一家更想不到的是，那天，邻居们为补尝茱迪一家受伤的感情，准备做一件事。晚上，茱迪一家从亲戚家回来，发现街上是一种特别的景象。他们的街区几乎家家户户都熄着灯，仅在窗台上放着一盏烛火。烛光照亮了的窗户在向茱迪一家表示支持、同情和团结一致，好像在说："谁敢砸她家的玻璃，就是砸我们的玻璃。"象征爱心的灯火在居民们的心里传递。

41

生命感悟：

　　尊重和爱让这个社会变得温暖，传递在人们心里的爱心之火不停地在制造奇迹。生活偶尔会有恶作剧，但来自他人的友爱将成为我们内心强大的支柱，有了这样的"武器"，你还会怕吗？

海蒂姑姑来访

〇马里恩·艾什

　　我和妻子住在伊利诺斯州的一个小镇上。那年，海蒂姑姑突然到来，和我们一起过夏天。那时候小镇的情况特别糟，因为这里已经连续三年干旱，许多家庭都已经搬到别处去了。小镇的资源越来越贫乏，居民们也情绪低落、脾气暴躁，经常为一些小事吵得天翻地覆。一些人甚至不再上教堂了。"小镇期待奇迹。"牧师垂头丧气地说。

　　海蒂姑姑就是在这样一种情况下从佛罗里达州来到我们这里的。她戴着一顶天蓝色的无边女帽。"这颜色与我的白头发正相配。"她说。事实上，那顶帽子与她那闪闪发亮的蓝眼睛更相配。海蒂姑姑对谁都笑容可掬，从来不说一句不友好的话。因此，没过多久，小镇上的所有居民就都称她为"海蒂姑姑"了。

　　当我们带她去教堂的时候，她很震惊。因为管风琴静静地立在那儿，没有人演奏，而由留声机为大家播放赞美诗。

　　"梅布尔·肖说她的关节炎发作，不能演奏了。"我解释道。

　　"她甚至连来都不来了。"我妻子补充道。

　　"啊，我喜欢演奏管风琴。"海蒂姑姑说，"如果可以的话，我愿意为大家演奏。"

　　人们兴奋极了，但只有一小会儿——海蒂姑姑演奏得糟极了，调都不知道跑哪儿去了，比没人演奏还要糟不知多少倍。

　　海蒂姑姑为我们演奏了两个星期之后，牧师亲自去找梅布尔。他告诉她，大家需要她，恳求她再回来演奏管风琴。"好吧，"梅布尔说，"如果你们真希望我回去的话，那我就回去吧。"星期天，梅布尔又在教堂演奏管风琴了。海蒂姑姑似乎一点儿也不失望。事实上，当大家陶醉在梅布尔的音乐声中时，海蒂姑姑的蓝眼睛也熠熠生辉。

　　又一个星期天，教堂里没有出板报。牧师向大家道歉。原

43

来，负责抄写的琼斯夫人说她没有时间再做这件事了。琼斯夫人虽然这么说，但大家都知道真正的原因是教堂没有钱支付给她。"如果有人愿意捐出一两个小时来抄写的话，"牧师说，"我们会非常感激的。"

海蒂姑姑站了起来，"我愿意做这件事。"她说。"太好了！"牧师高兴地叫道。但当时后排就有人在喊："哦，不！"

后来的事实证明，可怜的海蒂姑姑的抄写能力和她的演奏能力一样差。她抄写的板报错字连篇，简直让人没法阅读。后来，牧师悄悄地告诉我们有许多人去找了琼斯夫人，恳求她继续担任抄写的任务，而琼斯夫人最后也同意了。

后来，海蒂姑姑又自告奋勇地接受了管理人的工作，因为教堂没有钱请一位全职打扫教堂卫生的管理人。人们都认为这一次不会有问题了，因为谁不会扫地和擦桌子呢？但我们的海蒂姑姑就不会。她扫地的时候东一扫帚西一扫帚，灰尘漫天飞舞。她给地板打的蜡，厚得让人随时都有摔倒的危险。没过多久，路易丝·威尔森和玛格丽特·布朗就自愿代替了她。听到这个消息，我们全都惊呆了。众所周知，这两位女士不讲话已经一年了。

那年夏天，海蒂姑姑想施予援手的所有事情都让人无法评价。你不能说她哪件事是做得成功的，但你也不能说她失败了。她让人们又回到了各自的岗位上，让不去教堂的人又继续去教堂了。"我们都开始喜欢你的海蒂姑姑了。"一位夫人对我说。这虽然不容易，但人人都承认，他们之所以喜欢海蒂姑姑，是因为她愿意在别人需要的时候伸出援手，并且哪里需要她就愿意到哪里去。当然，如果她做每件事都能够胜任的话，事情就更完美了。但不管怎样，她是一个能让人受到鼓舞的人。

在海蒂姑姑最后一次和我们去教堂的那个星期天早上，她说："我要给大家一个惊喜。"教堂里坐满了人，有每周都来的，还有许多新朋友。海蒂姑姑走到讲坛前，面对听众。"你们的教堂真美，"她说，"这里的人也都很善良。我会记住你们每个人的。现在，我想为大家演奏一曲《在花园里》。我很喜欢这首曲子，因为它让我们大家靠得更近。"

我根本没想到大家会这么专注，但我害怕有人叫海蒂姑姑离开管风琴，因为她的演奏水平实在不敢恭维。但大家都沉默不语，静静地等待着。我不禁在想，这种在最近这些艰苦岁月里已经很鲜见的忍耐力，又回到我们这块土地上和我们这些人的心灵中了。我们全都安静地坐着，好像刚刚下了一场大雨，解除了我们的干旱之危似的。

海蒂姑姑走到管风琴前坐下。她抬起头，微笑地看着我们。我没有听到一个紧张得变了调的音符。优美的旋律飘荡在上空，就像天使在唱歌。熟悉的音乐让我陶醉。我从来没有听过有人将这首曲子演奏得如此优美。海蒂姑姑怎么又会演奏管风琴了？她以前难道是装出来的吗？她故意弄糟所有的事情，就是为了让大家重新团结起来吗？关于这一点，海蒂姑姑从来没有说过。

当她演奏完的时候，人们都鼓起掌来。牧师走到讲坛上。"我们曾经期待奇迹，"他说，"现在，奇迹果然出现了，海蒂姑姑就是我们的奇迹。"

生命感悟：

每每在别人需要帮助的时候就伸出援手的海蒂姑姑有着难得的热心肠，她的热情感染了小镇上的居民，改变了小镇上紧张恶劣的氛围，唤醒了人们心底的爱。正是一颗真诚的心给了她如此强大的力量，使人心备受鼓舞，创造了人人期待的奇迹！

铭记于心的礼物

○芭芭拉·费尔茨·贝丝

大约 50 年前，在密歇根度过的一个圣诞节让我记忆犹新。那不是一个普通的圣诞节，而是一个让我用全新的眼光看待身边的人或事、看待自己人生的一个新开始。

积雪如一条白色的毛毯覆盖着大地。在斯科奇学校，我和同学们唧唧喳喳地谈论着圣诞节假期前最后一天的联欢会与互换礼物的事，可以感觉出令人激动的气氛。

我们已经准备了几个星期。我们用纸做的雪人与天使、圣诞老人与驯鹿装饰着教室。手工制作的雪花用平头钉钉在墙上，星星悬挂在天花板的彩纱上，在横过黑板的上方，红色的、绿色的花环绕成了圈。

班里的一个学生很显眼。她的名字叫克丽丝蒂。她穿着磨损的衣服与破旧的鞋子。头发乱糟糟的，我们经常注意到她腿上的污垢。"她不洗澡吗？"我们窃窃私语道。然而，克丽丝蒂对她的外貌并不辩解。她总是很友好。

我们每人都把一份圣诞礼物带到圣诞联欢会上，每只盒子都用绚丽的纸包扎着，上面系着一个蝴蝶结。一份礼物很显眼，它呈圆筒状。包装纸的一端裂开了，窄窄的丝带磨损了。克丽丝蒂注意到我惊愕的神色。"它是一份好礼物，"她坚持说道，"包装纸撕坏了，就这些。"

上午慢慢地过去了。午餐及休息后，我们列队回到教室，渴望着庆祝活动。老师在一排排书桌间走来走去，我们在座位上坐卧不宁。她拿着两顶帽子，里面分别装有写着男孩和女孩们编号的小纸条。老师把一致的编号放在礼物上。学生抓了一个编号后，走向那诱人的一堆礼物前，找到适合的包裹，回到书桌前。每人都拿到自己的那一份后，礼物才能打开。

轮到我时，我把手伸进帽子里。许多包装漂亮的礼物还依然放在窗台上。随便啦，我想，抓了一个编号。然后我去窗台为它配对。"怎么会呢！"我叹息道。那是克丽丝蒂的礼物。我的同班同学发出啧啧声。

"我想你会喜欢。"克丽丝蒂说。

终于，所有的包裹都被认领。我们老师说该打开它们了。多半孩子兴致勃勃地撕着包装纸，而我尽可能慢地解着丝带，扯掉包装纸。我觉得克丽丝蒂的目光正注视着我。我确信这是一件可怕的礼物，从未有人想要的圣诞物品。可是，我能说什么呢？我不想伤害克丽丝蒂的感情。

打开包装后，我惊奇地发现：它根本不可怕！在里面，卷成圆筒状的，是世界上我最喜爱的两件东西：一本有着彩色画片的书与一本涂鸦杂志。我看了看克丽丝蒂。"这是一份非常好的礼物！"我说。克丽丝蒂没有意识到我多么喜欢她的礼物。她当然不知道我将是收到这份礼物的人。

"谢谢你！"我说。克丽丝蒂咧嘴一笑。仅此一次，我没有看见她陈旧的衣服与凌乱的头发，我看见一个赠送我精美礼物的友好的女孩。

在 1958 年的圣诞节，我不曾记得还收到了别的什么东西。第二年，我搬家了，从未再见过克丽丝蒂。我们没有成为最要好的朋友，可是，因为她，我获得了一种领悟：一个人的外表，或者一份礼物上的包装纸，并不重要。重要的是一个人的内心，是包装纸里所含的礼物。

生命感悟：

再美丽的容颜也会随时间的逝去而步入衰老，再华丽的服装也只能显出金钱的多少。外在的东西是短暂的，内在才是长久而重要的。真正使人美丽的是高尚的品德，真正使人富有的是充实的心灵。

生命的礼物

○贝　蓓

　　从我没记事起，就在奶奶身边。

　　奶奶的白天和晚上是不同的。晚上她一边梳头，一边讲神奇的故事给我听。夜晚给她的声音镀上神秘的色彩，我几乎认为她被故事里的神仙施了法术，她要是长了翅膀飞了可怎么办？于是我就拼命钻进她怀里，把腿也架在她身上，生怕她离开。她就会搂住我钻进被窝里，每天晚上，我都在她坚实的臂弯里，幸福地进入梦乡。

　　第二天，她成了白天的奶奶，个子高，身板儿壮，穿得干净整齐，浓密花白的头发一丝不苟绾在脑后，我就觉得安全了。

　　奶奶没念过多少书，但是有学校里学不来的善良心地。她喜欢动物，最多的时候同时养着 26 只鸡、2 条狗和 3 只猫。我就是数小动物才学会的数数。可她唯独不养猪，因为不忍心年底拉去杀了。

　　奶奶带给我生命里好多记忆，最清楚的，就是 7 岁生日那天，她送给我的礼物。

　　那天早上她利索地收拾好一切，在小炕桌上放好米粥、圆胖的馒头和蘸酱的青菜黄瓜。然后，她偷偷地走过来，掀掉我的被子，用温暖的大手抓住我的脚腕，猛地把我倒提起来，笑着说：“懒伢子，再睡就这样把你挂在门外边晒太阳。”我早就醒了，就等着她来提我，然后大笑着喊救命，奶奶也跟着大笑，我们都是快乐的孩子。

　　这时，外面传来了唢呐声，断断续续，凄凄惨惨，听得人害怕。我快速地穿好衣服，和奶奶出门去看。

　　门口的石阶上坐着一个脏乞丐，头发长得盖住了脸，穿着破烂的裤子，身上裹着一条破毯子。他身边卧着一条棕色的大狗，那条狗看上去已经不行了，老得连牙都掉光了。听到开门声，狗艰难地睁开眼睛看了我们一眼。它一动，乞丐就爱怜地摸摸它的头，狗便安静了。

乞丐见出来了人，就轻轻地对奶奶说："老姐姐，点个曲吧，我不要钱，就给狗换碗稀饭吃。"我吓得躲在奶奶身后。

"你等等。"奶奶说着，拉着我转身回了屋，用很快的速度，把一大块牛肉切得细碎，煮进了粥里。我知道这是奶奶给我生日准备的，说好晚上要为我做一碗长长的牛肉拉面来着。

看着翻滚在锅里的牛肉粥，奶奶摸着我的头说："伢子乖，明天给你补上。"其实我一点都不生气，只要奶奶在身边，天天都是生日。

牛肉粥煮得香喷喷的，奶奶端了稠稠的两大碗出去。一碗给乞丐，一碗放在狗嘴边。乞丐惊讶地看着我们，头发后面的眼睛闪着奇怪的光。

"这饭我不能白吃，您还是点首曲吧。"奶奶想了想说："你会吹《生日快乐》歌吗？伢子今天7岁了。"

乞丐看似有些为难，奶奶也不急，先自己哼了一遍给他听，只一遍，乞丐就记住了。

唢呐吹出的《生日快乐》歌怎么听都不是味儿，再看那奄奄一息的狗，连嘴边的粥都没力气去吃了，我忍不住掉了眼泪："奶奶，大狗真可怜，它会不会死呀……"

"都会死的，不管是人还是树，房子也会塌。哭没有用，要趁它们还在的时候好好待它们，到时候土堆里面的外面的就都安心了。"我听不太明白，知道奶奶对我说的是对大人说的话，她把这话作为礼物送给了7岁的我，等我长成大人后就会明白。

一年后，我就被做生意的父母接回城里了。那天父母给我穿上簇新的衣服和皮鞋把我拖出了门。我不知道自己为什么要跟着两个陌生人走。我拼命扭着头使劲地哭着喊奶奶。可她只能倚着院墙站着，抹着眼泪，那高大的身体好像撑不住了似的。

城里的日子并不好过，没有温暖的大手，没有神奇的故事，也没有奶奶院子里的鸡鸭猫狗……

直到奶奶去世，我都没有机会再回那个山坳里的小村庄，只能在梦里看到橙色的黄昏中，奶奶站在院子里，边喊我边把和好的鸡食撒在她周围。接着，我跑进院子，扑在奶奶怀里，闻着她身上稻草燃尽后的味道，看着她围裙中间的大补丁上一朵朵火红的花，多么幸福啊！

多么快乐的梦境，可每次醒来时，枕头分明是湿的，我一直无法判断自己在奶奶生前待她够不够好，不知道土堆里的奶奶是否安心。

以后的所有生日，也都是在城里过的，虽然会收到大堆的礼物，可还是觉得索然无味。

怎么能比呢！再也找不到任何礼物有那样的分量了，那是奶奶送给我的生命的礼物！

生命感悟：

人都会经历生老病死，没有谁是可以长存的。人们常常为亲人、朋友的离开而痛哭流涕，而死者长已矣，任别人怎样的呼天抢地，他也是感受不到的了。对一个人爱的表达方式，不是在他去世以后表现怎样的哀痛与思念，而是要在其生前毫不吝啬地给予他那一份关怀。

任何事情都是如此，所以，珍惜应该去珍惜的，做应该及时去做的，这样才不会在将来的某一天感到后悔或遗憾。

小小的阳光

○埃塔·奥斯汀·布莱斯德尔

从前，有一位女孩，名叫埃尔莎。她有一位年纪很大的老奶奶，头发都白了，脸上也布满了皱纹。

埃尔莎在山上有一栋大房子。

每天，太阳都从南边的窗户里射进来。房子里的每件东西都亮亮的，漂亮极了。

奶奶住在北边的屋子里。太阳从来照不进她的屋子。

一天，埃尔莎对她的父亲说："为什么太阳照不进奶奶的屋子呢？我想，她也是喜欢阳光的。"

"太阳公公的头探不进北边的窗户。"她父亲说。

"那么，我们把房子转个个儿吧，爸爸。"

"房子太大了，不好转。"她爸爸说。

"那奶奶就照不到一点阳光了吗？"埃尔莎问。

"当然了，我的孩子，除非你给她带一点进去。"

从那以后，埃尔莎就想啊想啊，想着如何能带一点阳光给她奶奶。

当她在田野里玩耍的时候，她看到小草和花儿都向她点头。鸟儿一边从这棵树跳到那棵树，一边唱着甜美的歌儿。

世间万物好像都在说："我们热爱阳光。我们热爱明亮、温暖的阳光。"

"奶奶肯定也喜欢的，"孩子想，"我一定要带一点给她。"

一天早晨，她在花园里玩时，看到了太阳温暖的光线照到了她金色的头发上。然后，她低下头，看到衣摆上也有阳光。

"我要用衣服把阳光包住，"她想，"然后把它们带进奶奶的房子。"于是，她跳了起来，跑进了奶奶的屋子。

"看，奶奶，看！我给你带来了一些阳光！"她叫着，然后，她打开了她的衣服，可是看不到一丝阳光。

"孩子，阳光从你的双眼里照出来了，"奶奶说，"它们在你金色的头发里闪耀。有你在我身边，我不需要阳光了。"

51

埃尔莎不懂为什么她的眼睛里可以照出阳光。但她很愿意让奶奶高兴。

每天早上，她都在花园里玩耍。然后，她跑进奶奶的房子里，用她的眼睛和头发，给奶奶带去阳光。

生命感悟：

世界上，没有什么比爱更让人温暖的东西了，对于奶奶来说，能为她带去心灵温暖的埃尔莎就是生命中最耀眼的阳光。

3 磨砺
推开沉沉的乌云

要多少年的时光，才能装满生命这片片波涛起伏的海洋？要多少年的时光，才能把生命这层层山岩冲蚀成细柔的沙粒？

苦难是生命的常态，痛苦和烦恼常常与生命相伴。

也许，在某个没有星星的夜晚，要独自泅渡湍急的河流、翻越黑暗的山川；也许，在没有亲情呵护的情况下，要独自在风雨里穿梭、严霜中挺拔……

而利益交换、身份较量和财产争夺的世俗之风，这些无时不在诱惑或污浊着生命的本真。那金黄的功利，那浓重的铅华，都有可能遮蔽明亮的眼、迷惑清明的心。最终，它们会冷却那份对生命的关注和良知。

所以，要警示自己：时时濯洗，莫为尘困。要好好地爱自己。

这不是溺爱生命，也不是苛求生命。

很多时候，事情不能左右，游戏规则也让人无奈。痛苦的时候，记得给自己叠一只希望的小船、送一束美丽的鲜花。陷入低潮，陷入无法自拔的自我怀疑、悔恨与绝望中时，请相信，生活永远是光明的，明天永远会更美好。相信，只要决定了，行动了，周遭也许就会改变，世界就会变化。

别害怕，别失望，无论结果如何，总之是告别了否定，告别了劳心费神的遐想与猜疑。

为了感受生命散发的每一道光芒，有时，生命的存真的需要去亲自体验。

把面包塞给敌人

○叶夫图申科

　　1944 年的冬天，饱受战争创伤的莫斯科异常寒冷，两万德国战俘排成纵队，从莫斯科大街上依次穿过。

　　尽管天空中飘飞着大团大团的雪花，但所有的马路两边，依然挤满了围观的人群。大批苏军士兵和治安警察，在战俘和围观者之间，划出了一道警戒线，用以防止德军战俘遭到围观群众愤怒的袭击。

　　这些老少不等的围观者大部分是来自莫斯科及其周围乡村的妇女，她们之中每一个人的亲人，或是父亲，或是丈夫，或是兄弟，或是儿子，都在德军所发动的侵略战争中丧生。她们都是战争最直接的受害者，都对悍然入侵的德寇怀着满腔的仇恨。

　　当大队的德军俘虏出现在妇女们的眼前时，她们全都将双手攥成了愤怒的拳头。要不是有苏军士兵和警察在前面竭力阻拦，她们一定会不顾一切地冲上前去，把这些杀害自己亲人的刽子手撕成碎片。

　　俘虏们都低垂着头，胆战心惊地从围观群众的面前缓缓走过。突然。一位上了年纪、穿着破旧的妇女走出了围观的人群。她平静地来到一位警察面前，请求警察允许她走进警戒线去好好看看这些俘虏。警察看她满脸慈祥，没有什么恶意，便答应了她的请求。

　　于是，她来到了俘虏身边，颤巍巍地从怀里掏出了一个印花布包。打开，里面是一块黝黑的面包。她不好意思地将这块黝黑的面包硬塞到了一个疲惫不堪、拄着双拐艰难挪动的年轻俘虏的衣袋里。年轻俘虏怔怔地看着面前的这位妇女，刹那间已泪流满面。他扔掉了双拐，"扑通"一声跪倒在地上，给面前这位善良的妇女，重重地磕了几个响头。其他战俘受到感染，也接二连三地跪了下来，拼命地向围观的妇女磕头。于是，整个人群中愤怒的气氛一下子改变了。

妇女们都被眼前的一幕所深深感动，纷纷从四面八方涌向俘虏，把面包、香烟等东西塞给了这些曾经是敌人的战俘。

　　这位善良的妇女，刹那之间便用宽容化解了众人心中的仇恨，并把爱与和平播进了所有人的心田。

生命感悟：

　　雨果说过，"最高贵的复仇是宽容。"宽容是灵魂的清洁剂，让罪过之人的灵魂经受道德的洗礼，在人生迷途中醒悟知返；宽容是心灵的钥匙，能打开捆绑心灵的仇恨枷锁，给我们以自由；宽容是感情世界里的润雨，浇灌着情感的荒土，让它长出爱的枝丫。学会宽容，生活便多了一分快乐。

阿拉比旺的雨季

○廖 华

　　我是一名医生，隶属于中国援助非洲某国的医疗队。在一个叫阿拉比旺的地方，我已经工作了三年。我工作出色，并且很快学会了当地的语言。

　　这天我接到指示，一个叫拉贾尔的村子可能暴发了传染病，要求我去调查疫情。在我们医疗队，执行这样的任务是家常便饭。我二话没说，带上我的助手兼司机——当地人考克，开着一辆敞篷吉普车就出发了。车开出医疗队营地的时候，两名全副武装的政府军警卫坐到了我们的后座上，他们是奉命来保护我的。在拉贾尔村一带，政府军和叛军的势力范围犬牙交错，如果没有武装护卫同行，到那儿去是一件非常危险的事。

　　此时正值阿拉比旺的旱季，到处是一片枯黄，显得死气沉沉。去拉贾尔村要经过一片沙漠，汽车进入沙漠不久，我就发现前面的沙丘上有一个黑点，驶近了，才看清楚那是一个人。那人伏在沙丘上一动不动，显然是昏过去了。我大叫停车，两个警卫拿着自动步枪，小心翼翼地接近那人，用枪托把他翻了过来。我上前一看，这是一个十五六岁的黑人少年。他双目紧闭，嘴唇干裂，右小腿肿得发黑。我检查了他的伤口，伤口小得几乎看不出来。"是毒蛇咬伤！"我果断地说。打开药箱，我麻利地给他注射了一支抗蛇毒血清，又给他灌了些清水。

　　不一会儿，少年醒了，轻轻地呻吟起来。我要求带上他——在这酷热的沙漠里，我们要是丢下他的话，他可就死定了。但是两个警卫不同意。他们嘟哝着说："这儿前后都没有人烟，谁知道他是不是叛军的探子？"

　　我们正在争执，考克突然叫道："糟糕！昨夜的一场沙尘暴把去拉贾尔的路标都淹没了，在沙漠里迷了路可不是闹着玩的，我看我们还是回去算了。"我不同意："拉贾尔村的村民还等着我去治病呢，如果真是很严重的疫情，那可能意味着全村人的性命都受到威胁，咱们还是边探路边走吧。"这时，那少年突然开口了："我就是从拉贾尔村来报信找医生的，我们村里有很多人病得很严重。我知道有一条路可以更快地到达拉贾尔村，刚才我就是从那条路来的，没想到被毒蛇咬了……"

我们大喜过望，忙把少年扶上车，按照他指示的方向前进。车开了好长时间，前面终于出现了一个村庄。考克疑惑地说："不对呀，拉贾尔村我去过，这里不是拉贾尔！"我正要询问那少年，四周突然响起了爆豆似的枪声，子弹"嗖"地掠过我的头顶。两名警卫闷叫一声，来不及还击就栽下车去。

等我抬起头来的时候，我才发现两名警卫已经被打死了。我、考克和那少年都成了叛军的俘虏。我和考克用当地话向叛军表明身份，可是叛军欢呼着，还不停地对天鸣枪以示庆祝，震耳欲聋的枪声中，根本没人听清我们说的话。这时，令我难以置信的一幕发生了：叛军们把那少年拉了过去。我开始以为他们会伤害他，可没想到他们却把他抬起来，抛向空中，接住，又抛上去，嘴里还疯狂地喊着："托托，托托！"这时我才明白过来。两名警卫的担心没有错，这个名叫托托的少年真是叛军的一个奸细，是他把我们引进了叛军的营地！

我和考克被反绑着双手押进了村子，而托托像个英雄似的走在前面，接受着叛军们的欢呼。这一幕让我的心直往下沉。我知道在阿拉比旺这个地方，很多少年被叛军掳去，培养成嗜血的杀手，他们往往冷酷无情，毫无人性可言。落入这群冷血杀手手里，我们的命运可想而知。

因为抓我们有功，托托得到了叛军首领的奖励，奖品竟然是一支擦得锃亮的 AK－47 步枪！

杀人游戏开始了！他们给考克松了绑，指着一条长长的巷子让他跑。考克惊恐地摇着头，一个叛军抬手就是一梭子弹，子弹打在考克脚下，尘土四溅，考克吓了一跳，没命地跑了起来；考克跑出二三十米后，托托开枪了，也许是刚学会打枪，他连开了几枪都没有打中，眼看着考克就要跑出那条巷子。我的心提到了嗓子眼，就在这时，一个叛军夺过了托托的枪，一梭子弹就撂倒了考克。我知道下一个就轮到我了，我恐惧到了极点。果然，托托拎着他的 AK－47 走到了我面前，举枪瞄准了我，他一定是想把刚才没打中考克的一腔怨气都发泄在我身上。我想起了远在祖国的亲人，我的丈夫，我的孩子，我不想就这样死去，可我却只能闭目等死！

突然，我听见托托大声说："这个外国女人是个医生，她治好了我的伤，咱们把她留下来，兴许有用！"叛军们发出一阵嘘声，但最后他们的首领还是同意把我留下来了。

我被带进了一个有着残破土墙的院子。院子里堆了一些装粮食的麻袋，还拴着一匹用来运东西的骆驼，这显然是叛军的"后勤部"。

我一走进院子，立刻有一群孩子围了上来。他们有的对我扮鬼脸，有的向我吐口水。这群孩子大的和托托年纪差不多，小的可能还不到 10 岁。令我震惊的是，他们身上都有伤，并且都没有得到有效的治疗，有的伤口感染了、流着脓水、散发着恶臭，还有几个是缺胳膊少腿的残疾儿。

"看见他们身上的伤了吗？这都是因为他们想逃跑或者完不成任务而受到的惩罚，我今天要是不把你们引来，我也会受到这样的惩罚。"托托冷冷地说，"要是你想逃走的话，下场比他们还惨。"

……

这一天，我正在拣菜，托托走了进来，他盯着我看了好一会儿，看得我心里发毛。我抬头正要问他有什么事，他却突然跨前一步，一把揪住了我的头发，另一只手把我挂在脖子上的护身符扯了下来。"这个护身符，你从哪里弄到的?"他恶狠狠地问。

我看了一眼那个用野猪的长牙雕刻成的护身符，说："这是一个叫娜莎的小女孩送给我的。她得了很严重的疟疾，病得快不行了，我治好了她的病，她就从脖子上取下这个送给了我，说可以保佑我平安。"

"你胡说！司令说过，你们这些外国人到阿拉比旺来，就是为了帮助政府军屠杀我们、掠夺我们。这个护身符，一定是你杀害了娜莎才抢到手的！我后悔那天没一枪毙了你，我现在就宰了你！"托托的眼睛里燃烧着仇恨，他取下背上的枪，"哗啦"一下上了膛，黑洞洞的枪口对准了我。

恐惧掠过我的心头。突然，我的头脑里掠过了一丝亮光，我急切地说："托托，请你冷静下来。娜莎对我说过，她有个哥哥被叛军掠走了，是你吗？对了，我是中国人，我是来帮助你们的。"

"你是中国人？"托托惊讶地说，他的枪口垂了下去。突然，他变戏法似的从身上掏出了一枚毛主席像章，"这是我祖父留给我的。他常说，中国人是好人！你真的是中国人？"我肯定地点了点头："我是中国人，我的父亲也曾经到非洲修过铁路。请你相信我，你的妹妹还活着。中国政府在你们村子附近援建了一所学校，你妹妹就在那里上学。还有你妈妈，她经常到医疗队来帮忙，她们每天都盼望着你回去呀！托托，你也应该回去上学。"

"啪"的一声，托托的枪掉在了地上，他的眼里涌出了泪水，他毕竟只是个孩子呀！我张开双臂想要拥抱他，但他却迟疑了一下，拾起地上的枪跑了出去。

此后一整天，我都没有看见托托，问那些孩子，他们也说不知道。第二天早上，托托回来了，但没有和我说话。背着我，他和那些孩子在小声地嘀咕着什么。从那些孩子们脸上的坏笑来看，他们好像在策划什么恶作剧。

我刚从院子里拎了一桶水进来。突然间，托托和那群孩子一拥而上，把我摁倒在地。他们给我套上了一件破麻袋做成的"衣服"，在我的脸上涂上锅灰，在我的身上粘满羽毛，还给我戴了一顶怪里怪气的花冠，然后把我架上了院子里的骆驼。

我知道自己又一次成了他们恶作剧的对象，我不敢反抗，毕竟，我是他们的"俘虏"。再说，如果不小心激怒了这群心理扭曲的孩子，他们可能什么都干得出来。托托猛地在骆驼屁股上拍了一巴掌，骆驼小跑起来，孩子们跟在后面追着，拼命往我身上吐口水、扔石子和烂菜叶。我伏在骆驼背上左躲右闪，身上满是脏东西，十分狼狈。孩子们一直在兴奋地叫着什么。我费了好大劲才弄明白，他们叫的是"女巫"。原来，我竟然被他们当作了游戏中的巫婆！骆驼跑出了院子，孩子们在后面追着。院子里的叛军们先是吃了一惊，然后都哈哈大笑起来，有的还为孩子们这别出心裁的恶作剧鼓掌叫好。

就这样，骆驼驮着我跑出了叛军的营地，门口的岗哨也笑得前仰后合，跑出大门大约两三百米，在孩子们的一片喧闹声中，托托突然悄悄地对我说："你骑稳了，控制好缰绳，一直往东，就可以到达政府军的地盘。骆驼上的皮口袋里有我给你准备好的食物和水！他们的汽车都被我做了手脚，追不上你的！"

原来孩子们是在用他们独特而巧妙的方式营救我！我震惊得说不出话来。托托用枪托在骆驼屁股上打了一下，然后举枪扣动了扳机，子弹从我的头顶掠过，受惊的骆驼狂奔起来，很快，孩子们就被远远地甩在了后面，只有托托的枪声仍在我身边响着，仿佛是在为我送行……

半路上，我碰到了正在寻找我的政府军车队，他们把我救回了医疗队。休养了一段时间，我又开始了工作。我几乎每天都在担心着托托和那群孩子，放走了我，他们会受到叛军的惩罚吗？想想那些被砍去手脚的少年，我的心紧缩起来。

这天早上，我带着娜莎在村外散步。阿拉比旺的这个旱季似乎特别长，到处仍然是一片枯黄，没有生命复苏的迹象。突然，娜莎指着远处兴奋地叫道："哥哥，哥哥！哥哥回来了！"我抬起头，惊讶地看见托托带着那一群孩子正向我们走来！

我和娜莎迎了上去，托托扔下手里的拐杖，扑到了我的怀里。我心疼地问："托托，你的腿怎么了？"托托抽泣着说："政府军和叛军打了一仗，我们乘乱逃了出来。没想到有人追我们，我们只好冒险穿过雷区逃回来……"

我的眼泪控制不住地往下流。就在这时，天空中滚过一阵闷雷，阿拉比旺的雨季，那个令万物复苏的季节终于来了！

生命感悟：

生活就像山谷回声，你付出什么，就得到什么；你耕种什么，就收获什么。帮助别人就是强大自己，帮助别人也就是帮助自己。生命会因回馈而变得精彩。

车祸中的幸存母亲

○姜钦峰

　　1972年夏天，一个闷热的晚上，美国田纳西州，一辆小汽车稳稳地行驶在宽阔的公路上。米莉全家乘车外出，车上有她的丈夫、4岁的女儿以及不到2岁的侄子。丈夫有多年的驾驶经验，双手牢牢握住方向盘，全神贯注目视前方，此时路上的车流量虽然不大，但考虑到妻子米莉怀有7个月的身孕，他尽量把车子开得平稳舒适。车上的冷气刚好合适，音响飘出美妙的轻音乐，米莉坐在副驾驶位置上，悠闲地欣赏着窗外的夜色，心情舒畅。然而，她怎么也不会料到，灾难会突然从天而降！

　　他们刚刚走出3英里远，一辆失控的汽车忽然疯了一般从后面全速冲上来，"砰"的一声巨响，撞上了米莉一家乘坐的汽车，零散的部件和玻璃碎片洒满一地，汽车连续翻滚后，随即爆炸起火，熊熊大火映红了漆黑的夜空。面对突如其来的灾难，米莉根本来不及作出任何反应，便当场失去了知觉。

　　几天后，当米莉艰难地睁开双眼，发现自己已躺在医院的重症病房。她身受重伤，全身大面积烧伤，多处严重骨折。当她渐渐清醒后，噩耗却接踵而来，她的丈夫在车祸中当场死亡，年幼的女儿和侄子同时身受重伤，生命垂危。她悲痛欲绝，泪流满面，却连抬手擦眼泪的力气都没有。然而灾难并未停止，在她接受治疗的过程中，女儿和侄子因伤重不治，相继离开人世。由于米莉伤势太重，她腹中的婴儿被迫提前两个月早产，又一个无辜的孩子，刚生下来就看不见这个美丽的世界。

　　意外的灾难，顷刻间把这个幸福的家庭碾得粉碎。车祸不仅残忍地夺走了她最亲的人，也夺走了她对生活的信心，最初的那段日子，米莉的心支离破碎，几乎找不到活下去的理由。不久后，事故调查人员告诉米莉，他们勘查事故现场时，在肇事车辆上发现了大量空酒瓶，而且肇事司机当时醉得不省人事。听到这个消息，米莉愤怒了，这不是意外，分明就是谋杀！从那一刻起，她意识到自己必须活下去，要为惨死的亲人讨回公道。

在坚强的信念支撑下，米莉奇迹般地活了下来。稍微康复之后，她就四处奔走呼告，试图让法官相信，酒后驾车不是一般的意外事故，而是谋杀。但在当时，美国的法律并未禁止酒后驾车，这起造成3死2伤的惨剧，只被作为普通的交通事故审判。最终，肇事者只受到了轻微惩罚，被判两年监禁。

面对这个判决结果，尽管米莉在情感上难以接受，但是理智告诉她，谁也无权超越法律。米莉的努力失败了，但她并未就此放弃，而是选择了另外一条路。自己的亲人已无法挽回，但只要酒后驾车一天不被禁止，同样的惨剧就将在别人身上重演。想起失去丈夫和孩子的切肤之痛，她不寒而栗，要阻止灾难继续发生，只有说出自己的遭遇，告诉人们酒后驾车的危害。她决定为此付出一生的精力，不管这条路有多长，无论遇到什么艰难险阻，决不放弃。

米莉开始四处演讲，每到一处，她不得不残忍地撕开自己的伤口，用血淋淋的事实告诉人们："酒后驾车不是事故，是犯罪，是严重暴力犯罪！"这位承受着不幸的母亲，为了他人的幸福，不遗余力地四处奔走，泣血呼告。无数人为之感动，越来越多的人成为她的坚定支持者，并加入她的行列。在她坚持不懈的努力下，车祸发生11年后，美国田纳西州成立了"反酒后驾车母亲协会"，米莉是这个民间组织的发起者，并担任协会主席。

在米莉的带领下，协会成员采用各种方式宣传酒后驾车的危害；另一方面，他们又向政府和立法机构大声呼吁，要求出台更加严厉的法律，禁止酒后驾车。在米莉和"反酒后驾车母亲协会"的影响下，美国各州先后通过了2300多条相关法律，无一例外都把酒后驾车定为犯罪，同时降低醉酒驾车的酒精含量测试标准，加大处罚力度。事实证明，米莉多年的努力没有白费，提前预防远比事后谴责更有意义。在美国各州，自各项法案陆续出台后，因酒后驾车引起的车祸逐年下降，人们的出行变得更加安全。

　　一个人，如果能对他人的苦难心怀仁慈，也就有了面对自己苦难的勇气。她不能挽救自己的亲人，甚至无法为他们讨回公道，却挽救了千千万万素不相识的人。这份爱，早已超越了国界，当我们走在马路上，如果感到比以前更安全的话，或许不应该忘记这位伟大的母亲。

生命感悟：

　　怀着一颗仁慈友爱的心，这位坚强的母亲在失去至亲后顶着悲痛，不惜把自己的伤口一遍遍揭给她关心的人们看，只为了相同的悲剧不在另一个幸福的家庭发生。当爱超越了自我，便成为一份光荣的社会责任，爱已升华。

杜图瓦选择了坚持

○魏　峰

　　6岁的纳塔莉·杜图瓦看上去比同龄的女孩子要高出一头，尤其是修长的双腿，在水中犹如灵巧而又有力的双桨，总是勇往直前。有人说，她天生是一个芭蕾舞演员的胚子，她的小学艺术老师对此也深信不疑。杜图瓦却说："不，我的梦想是做一名游泳运动员，参加奥运会。"

　　"我热爱游泳，每当身处水中，我觉得自己像一尾美丽的金枪鱼。"是的，每次训练，杜图瓦比金枪鱼更刻苦。说起16岁那年与悉尼奥运会失之交臂，杜图瓦总是唏嘘不已："我的梦想就是要参加奥运会！"而她的眼睛中，始终蕴含着坚毅，直指目标。

　　谁能想到，2001年的一场意外车祸，无情地夺去了她如船桨般有力的左腿，这场意外犹如晴天霹雳，使她的梦想几乎从此破灭。看着耀眼透亮的泳池，她流下了别人不易发觉的、伤心的泪水。这时，朋友们劝她："杜图瓦，你很棒！不能游泳了，生活还有更多事情值得去做。""不！我离不开泳池！"

　　杜图瓦坚定地告诉队友和教练："我失去了左腿，但，我的右腿还有梦想！"仅仅一年后，她依然出现在了健全人参加的2002年在南非举办的英联邦运动会上。并且在2004年的雅典残奥会上，她勇夺5枚金牌。

　　日前（2008年）举行的世界公开水域游泳锦标赛10公里女子比赛项目，也是2008年奥运会资格选拔赛中，最吸引观众、赢得掌声最多的不是奖牌获得者的前三名，而是仅取得第四名成绩的纳塔莉·杜图瓦——这位南非的与世界顶级远距离游泳选手同台竞技的残疾人运动员。她将和其他进入前十名的选手一样，稳稳地获得参加在北京举行的第29届奥运会的资格。

　　杜图瓦用"梦想的右腿"创造了体育运动的历史，因为她是第一个获得奥运会参赛资格的截肢运动员。更令人不可思议的是，杜图瓦的左腿 7 年前因车祸从膝盖以下截肢了，而她在比赛中并没有像别的截肢选手那样使用假肢。这就像在双桨式划船比赛中只使用一支桨一样。

她的行为让体育运动科学家大跌眼镜！她的成就推翻了科学推理！

梦想不灭，奋斗不止。杜图瓦尽其所能，一"路"游来，把似乎做不到的事情变为可能，终于梦想成真——"怀揣梦想游向北京"。有人预言，公开水域游泳项目（或称马拉松游泳）在北京首次成为奥运会的比赛项目，而纳塔莉·杜图瓦的亮相肯定会成为本届奥运会上的一个炫目的亮点。

那她创造奇迹的秘诀在哪儿呢？杜图瓦说："没有什么秘诀，没有身体上或技术上的窍门能补偿自己失去的左腿。可是，我的右腿始终没有放弃它的梦想！做似乎做不到的事情，我唯一的办法是努力训练和坚定的决心。"

奇迹，或者叫做神话——它的创造，有时用的办法和方式，竟然简单到不可想象的地步。做似乎做不到的事情，对于我们而言，也只是无法想象创造奇迹背后，他人付出的行动、汗水和时间而已。

如果你也有梦想，可你的梦想在别人看来根本无法实现，甚至从科学的层面上讲都不可能逾越，你还会去努力吗？也许绝大数人为此放弃，可纳塔莉·杜图瓦却选择了坚持。

生命感悟：

杜图瓦并非上帝的宠儿，甚至和普通人相比，命运似乎对"这尾美丽的金枪鱼"格外不公。但是倔强的杜图瓦却凭借自己的坚强和执着最终实现了梦想，创造了奇迹。当厄运降临，抱怨和眼泪解决不了问题，在与困难的战斗中坚持下去，才有机会挣脱命运的锁链。

等待失明的比尔

○刘海涛

上帝会把我们身边最好的东西拿走，以提醒我们得到的太多。

比尔在一家汽车公司上班。很不幸，一次机器故障导致他的右眼被击伤，抢救后还是没有保住，医生摘除了他的右眼球。

比尔原本是一个十分乐观的人。但现在却成了一个沉默寡言的人，他害怕上街，因为总是有那么多人看他的眼睛。他的休假一次次被延长，妻子苔丝负担起了家庭的所有开支，而且她在晚上又兼了一个职，她很在乎这个家，她爱着自己的丈夫，想让全家过得和以前一样。苔丝认为丈夫心中的阴影总会消除的，那只是时间问题。但糟糕的是，比尔的另一只眼睛的视力也受到了影响。比尔在一个阳光灿烂的早晨，问妻子谁在院子里踢球时，苔丝惊讶地看着丈夫和正在踢球的儿子。在以前，儿子即使到更远的地方，他也能看到。苔丝什么也没说，只是走近丈夫，轻轻抱住他的头。比尔说："亲爱的，我知道以后会发生什么。我已经意识到了。"苔丝的泪就流下来了。

其实，苔丝早就知道这种后果，只是她怕丈夫受不了打击要求医生不要告诉他。比尔知道自己要失明后，反而镇静多了。连苔丝自己也感到奇怪。

苔丝知道比尔能见到光明的日子不多了，她想为丈夫留下点什么。她每天把自己和儿子打扮得漂漂亮亮，还经常去美容院，在比尔面前，不论她心里多么悲伤，她总是努力微笑。

几个月后，比尔说："苔丝，我发现你新买的套裙变旧了！"苔丝说："是吗？"她奔到一个他看不到的角落，低声哭了。她那件套裙的颜色在太阳底下绚丽夺目。苔丝想，还能为丈夫留下什么呢？

第二天，家里来了一个油漆匠，苔丝想把家具和墙壁粉刷一遍，让比尔的心中永远是一个新家。油漆匠工作很认真，一边干活还一边吹口哨。干了一个星期，终于把所有的家具和墙壁刷好了，他也知道了比尔的情况。油漆匠对比尔说："对不起，我干得很慢。"比尔说："你天天那么开心，我也为此感到很高兴。"算工钱的时候，油漆匠少算了一美元。苔丝和比尔说："你少算了工钱。"油漆匠说："我已经多拿了，一个等待失明的人还那么平静，你告诉了我什么叫勇气。"但比尔却坚持要多给油漆匠一美元，比尔说："我也知道了原来残疾人也可以自食其力生活得很快乐。"

油漆匠只有一只手。

生命感悟：

健康、感情、年华……无论哪种美好的东西，从我们身边被夺走的时候，都让我们感到无比的沮丧和失落。但是，朋友，当命运如此残酷地考验我们时，与其沉浸在过往酿成的悲伤中，不如勇敢地抬起头，给自己一个微笑。你会明白，只要还活着，人生总是快乐而充满希望的。

杰里米的复活节彩蛋

○艾达·梅·肯派尔

　　杰里米一生下来就和别的孩子不一样，他不但身体扭曲变形，反应迟钝，而且身患绝症，如今病魔正一点点地吞噬着他的生命。尽管如此，他的父母仍旧尽最大的努力让他过正常的生活，并且把他送到圣特丽萨小学读书。

　　杰里米12岁的时候，才读到小学二年级。很显然，他的学习能力非常有限。上课的时候，他会在座位上不停地扭动身子，嘴里流着口水，发出呼噜呼噜的声音。有时他也能很清楚、很明白地说话，就好像有一道亮光洞穿了脑中的重重黑暗。但是，这种情况非常稀少而且短暂。大多数时候，杰里米总是会使桃瑞丝·米勒老师发火。

　　一天，米勒老师打电话给杰里米的父母，请他们到学校来。

　　空荡荡的教室里，福里斯特夫妇惴惴不安地坐在座位上。桃瑞丝老师对他们说："杰里米应该到特教学校去上学。让他和这些学习上没有障碍的比他年龄小5岁的孩子在一起学习，对他来说是很不公平的。"

　　听了老师的话，福里斯特太太伤心地哭了起来。福里斯特先生说："米勒小姐，你知道，这附近没有那种学校。如果我们把杰里米从这所学校带走的话，对他来说会是一个非常沉重的打击。因为我们知道他很喜欢这里。"

　　福里斯特夫妇离开以后，桃瑞丝静静地凝视着窗外纷纷扬扬的雪花，独自一人在教室里坐了很久很久。她感到那冰雪的冷酷似乎已经渗透到她的灵魂深处了，她虽然很同情福里斯特夫妇，但继续让杰里米留在她的班级里是一件不公平的事情。她还有其他十八个孩子要教，而杰里米会使他们分散注意力、不安心学习的。此外，杰里米根本就学不会阅读和书写，为什么还要在他身上浪费更多的时间呢？

　　然而，她突然觉得有一种罪恶感笼罩了她的心灵。"哦，上帝，"她大声地祈祷着，"请您帮助我吧！让我对杰里米多些耐心吧！"

从那以后，桃瑞丝老师竭力不让自己老是去注意杰里米制造的噪音和他那茫然的目光。

有一天，杰里米拖着他那残疾的腿一瘸一拐地走到讲台前，"我爱您，米勒小姐！"他大声说道，声音大得全班同学都能听见。

同学们窃笑起来，桃瑞丝的脸一下子红了。"这很好啊，杰里米，谢谢你。现在，请你回到座位上去吧。"

不久，春天来了，孩子们都在兴奋地谈论着即将到来的复活节。桃瑞丝发给每个孩子一颗硕大的塑料彩蛋。她对孩子们说："请大家把这个复活节彩蛋带回家去，明天再把它带回来，但要记住的是，明天在彩蛋里要放一个能够代表新生命的东西。"

"是。"孩子们异口同声地答应着，除了杰里米。他的眼睛一刻也没有离开桃瑞丝的脸，甚至没有像以往那样发出任何噪音。

第二天早晨，阳光明媚，鸟声啁啾。十九个孩子兴高采烈地来到了学校，他们把各自的彩蛋放进讲台上的一个大柳条篮子里。数学课上完后，就是打开这些复活节彩蛋的时候了。

在第一颗彩蛋里，桃瑞丝发现了一朵美丽的花。"哦，很好，花儿当然是新生命的象征！"坐在第一排的一个小女孩挥舞着双臂叫道："那是我的！"

接着，桃瑞丝打开了第二颗彩蛋。彩蛋里放的是一只惟妙惟肖的塑料蝴蝶，"美丽的蝴蝶是由毛毛虫长大以后变化来的。因此，它也是新生命的象征。"桃瑞丝又打开一颗彩蛋，里面放着的是一块长着苔藓的小石头。

接下来，桃瑞丝打开了第四颗彩蛋，她一下子惊讶得屏住了气。彩蛋里竟然空空如也！这一定是杰里米的，她想，当然，他根本就不明白她布置的作业。为了不使杰里米感到难堪，她轻轻地把那颗彩蛋放到了一边，伸手去拿另外一颗彩蛋。

突然，杰里米大声叫道："米勒小姐，您不打算说说我的彩蛋吗?"

对于杰里米这冷不防的问话，桃瑞丝没有任何准备，她惊慌失措地答道："但是，杰里米，你的彩蛋是空的啊!"

杰里米凝视着桃瑞丝的眼睛，轻声地说："是的，但耶稣的坟墓也是空的啊!"

顿时，大家都惊呆了，教室里鸦雀无声，时间也仿佛停止了。良久，桃瑞丝才回过神来，她问道："你知道为什么耶稣的坟墓是空的吗?"

"哦，当然知道啦!"杰里米大声说道，"耶稣被杀死以后，遗体就放在坟墓里，但是天父又让他复活了!"

下课的铃声敲响了。孩子们兴高采烈地冲出教室，奔向校园。在空荡荡的教室里，桃瑞丝激动地哭了起来。此刻她身体里汹涌着阵阵暖流，先前那冰雪一样的冷酷完完全全地被融化了……

三个月之后，杰里米死了。

在殡仪馆，前往悼念的人们惊讶地发现在杰里米的灵柩上放着十九颗彩蛋，而且，每一颗都是空的。

生命感悟:

杰里米承受着身体上的残疾，心灵更是受到了很重的创伤。对他给予关爱并不是在施舍，而是基于人道。当我们做得多了，就能更多地找回自己的爱心和善心。会让更多的杰里米有个快乐的童年，生活在温暖的阳光里。

命运与力量

○雷切尔·内奥米·雷曼

　　有时候，伤口是我们第一次认识生活的地方。伤痛给我们以智慧，比任何知识更能让我们懂得如何更好地生活；伤痛使我们看清自己，看清那真实却出乎意料的生活。

　　爷爷一生中给我讲过许多故事，他讲的最后一个故事，我印象最深。"一天，一个叫雅各的人走了很远的路，他来到河边迷失了方向。黑暗来临，他只好先停下来，露宿一晚。半夜里，他忽然惊醒，发现自己被一双强健的胳膊抓住，倒在地上动弹不得。天太黑，他看不清敌人，只能感受到对方强大的力量。雅各使出浑身力气，企图挣脱。"

　　"这是个噩梦吗，爷爷？"我满怀希望地问道。当时我饱受噩梦的困扰，只得整夜亮着灯睡觉。爷爷没有回答，只是接着说："这个故事发生在很久以前。当时雅各触不到偷袭者衣服的布料，也闻不到他的气息，只能感受他强大的力量。雅各虽然很强壮，但是仍不能制服对方。他们激烈地搏斗着。最后雅各昏死了过去。"

　　"他们搏斗了多久，爷爷？"我有些焦急地问。

　　"很久很久，孩子，"他答道，"但是黑夜总有尽头，最后黎明到来了，雅各醒来后，发现自己腿部有一处很深的伤口，他疼痛难忍，无法继续行走。"

　　"真可怜，那么他后来怎么样了呢？"我担心地问爷爷。

　　爷爷笑着对我说："这时，很神奇的事情发生了。一个天使来到了雅各的身边，天使在他的伤口处触摸了一下。"这我能理解，我自己受伤时妈妈也经常这样做。

　　"帮助伤口恢复，是吗？"但爷爷摇摇头说："不是的，孩子。他是为了让雅各记住这处伤口。雅各将终生带着这个伤痕，这是他保存记忆的地方。"

　　这个故事令我迷惑不解，天使难道不是用来抚平人的伤痛吗？怎么会故意留下这个疤痕让人永远记住呢？但是爷爷说这样的事经常发生。"但这并不是故事的要点。故事的核心在于，任何事物中都有对你的祝福。"

在他去世前一年，爷爷一遍又一遍地讲述这个故事。八九年后，在一个深夜，潜伏在我体内长达 45 年的疾病，以最戏剧化的形式宣告了它的存在。没有任何预兆，我体内大量地出血。在昏迷中我被送往医院，在那里待了好几个月。很多年后我仍能看到自己的伤口，看到它我就能想起自己和病痛斗争的艰苦岁月。

也许爷爷在临近生命终点的时候，把这个故事作为人生的罗盘留给了我。也许故事的哲理就在于，以最大的勇气，去面对你所遭遇的命运，永不放手，直到从中找到那无所不在的、未知的力量。

生命感悟：

伤口代表疼痛，代表痛苦的记忆，但伤口也代表着一种勇气。人的潜力究竟有多大，人的忍耐力究竟有多强？当你战胜了伤口的疼痛，看着它给你留下的累累疤痕，那只不过是一种人生的印记，是天使为你在困难面前释放的勇气所做的标记。

断臂求生

○安德森·库柏

2003 年 4 月的一天，27 岁的亚伦·拉斯顿只身来到位于犹他州东南部的布鲁庄峡谷攀岩。出发前，他留下了他的手机，并决定不告诉任何人他要去哪里，后来证明，这是一个令他后悔的决定。

就在他攀上一块重达 800 磅的大岩石时，岩石突然松动了，拉斯顿的手顿时失去了抓攀点，惯性把他一下子就甩到岩壁上。而与此同时，大岩石迅速向他滚来，压在了他的右臂上，然后戛然而止。

那一刻，除了剧痛，还有恐惧。一开始拉斯顿就意识到，靠自己绝不可能把手臂弄出来，因为不管他怎么摆动身体，大岩石就是纹丝不动。在随后的几十分钟时间里，拉斯顿拼命用自己的身体去顶撞大岩石，希望大岩石能挪动一点点。

但这一番挣扎，除了搞得精疲力尽外，没有丝毫的作用。拉斯顿就这么被困在那里整整 5 天，靠身上所带的少许食物和水维持着生命。为了防止脱水，他还喝了自己的尿。

第六天，食物与水都已经耗完。拉斯顿看着那块巨石，心里冒出了一个可怕的念头：用刀子切断胳膊。只有切断自己的胳膊，才是生还的唯一机会。

为防万一，拉斯顿打开数码摄像机，给家人记录下他的最后的信息。"真对不起……"他说，"你们每一个都让我感到骄傲。"

然后，他开始用自己的身体做杠杆，使劲往下拧胳膊，越拧越低。不知过了多久，他的耳边响起了"啪"的一声。那声音就像一声枪响，在山谷里回荡。拉斯顿知道他的骨头断了。那一刻，他真正体会到了什么叫钻心的痛。

接着，拉斯顿小心翼翼地切臂肉。在开始切手臂前，他先拽下了水囊的软管塞子上的绳子当止血绷带，牢牢扎住血管，然后迅速把血管切断，再切断大动脉。那一瞬间，拉斯顿觉得自己就像被人把整条胳膊活生生地按进了炽热的岩浆中。

但是，伴随着剧痛的，还有一种感觉，那就是痛快。从某种意义上讲，是一种获得自由之后所产生的美好感觉。

然而拉斯顿远没脱离危险，因为要走出峡谷，他还要走将近4个小时的山路。

血，一直不停地顺着他的双腿往下流，湿透了他的鞋子。拉斯顿靠着坚强的意志力一步一步地往外走。终于，他碰上了一个徒步旅行的家庭。这家人在上山时曾碰到了正在峡谷入口搜救拉斯顿的搜救队。看到拉斯顿，他们马上帮他联系搜救队。

前来搜救的直升机迅速赶到。搜救队长查看了拉斯顿的伤势后，马上对驾驶员说："他把自己的手臂切断了，我们必须赶快把他送往医院。"

伤愈出院后，拉斯顿把这次痛苦的经历按时间顺序记叙写成了一本书，起名为《生死两难》。这本书于2004年出版，并成为当年的畅销书。他也成为一名励志演说家，在一场场的演讲中，他把自己从那场苦难中学到的经验、教训和感悟传播给更多的人。

"我必须下决心勇往直前，尽管不知未来还会发生什么事情。"拉斯顿在接受电视台的记者采访时，这样说，"我可以在关键时刻战胜恐惧而断然采取行动，这才是最重要的。"

今天，拉斯顿还在继续着新的行动。他已安装了度身定做的假肢，还登上了位于阿根廷的、海拔高达23000英尺的阿空加瓜山的最高峰。

他说，只有不断攀登高峰的那种驱动力，才是他的精神支柱。

后来，公园管理部门用绞盘车和千斤顶把拉斯顿留在大岩石下的半截手取了出来。应拉斯顿以及他的家人的要求，那截断手做了火化处理。再后来，拉斯顿再次回到他受困6天的地方，把他那截断手的骨灰撒在了那里。这样，他圆满完成了他的旅途。

他对记者说："我把断手的骨灰的一部分撒在了峡谷上。

在撒骨灰时，我的泪水禁不住长流而下。我为自己还能活着喜极而泣。重新回到那里，就使整个故事有了一个圆满的结局，因为那也是构成这次经历的一个美丽的部分。"

生命感悟：

世界上最严厉的老师莫过于苦难，它以最冷酷的方式教会人们理解人生。意志薄弱者的灵魂在苦难面前不堪一击，而勇者的灵魂却将变得更加坚毅果敢。经受住苦难的考验，人生才有化茧成蝶的机会，你才有能力为自己的故事写一个完美的结局。

胜利的手势

○洛瑞·摩尔

　　收到鲍勃照片的时候，我很难把相片上这个搂着州年度最佳射手奖杯、一脸阳光的年轻人，同十二年前那个瘦弱畏缩的男孩子联系起来。但是，他高高举起的右手是划破我记忆的闪电，那是一个孩子对生命的坚强诠释。

　　十二年前，我受蒙特利尔学校邀请，担任该校足球队春季集训的教练。第一次和队员们见面是在一个阳光明媚的下午，十多个男孩穿着整洁的球服坐在草地上听我讲话。从孩子们清澈的眼睛里可以看出，他们是崇拜我的。训话结束后，我对孩子们说："现在轮到我认识你们了。大家站成一排，在我和你们握手的时候告诉我你们的名字。"

　　我从一个个孩子面前走过，夸奖那些自信地喊出自己名字的孩子，最后走到队尾那个瘦小的男孩面前。他很紧张地看着我，小声说："我叫鲍勃。"然后，他缓缓地把左手伸到我面前。

　　"哦，这可不行，"我说，"你应该知道用哪只手握吧？而且你的声音还可以再大一点。怎么样，小家伙，我们再来一次？"鲍勃低下头一声不吭地站在那里。这时，他身旁的狄恩说："教练，鲍勃的右手生来只有两根手指。"鲍勃猛地抬起眼睛看着我："我能踢得很好的。做候补我也愿意。"

　　我平静地把右手伸到鲍勃的面前，温和地说："你愿意跟我握一下手吗？"

　　鲍勃迟疑地将他残缺不全的手放到我的手里。

　　我双手握住他微微颤抖的小手："鲍勃，你记住，没有必要遮掩什么。恰恰相反，你有一双幸运的手。上帝如此安排，为的是能让你比别人更快地打出'胜利'的手势（用手指打出英文单词'victory'的第一个字母'v'）。"

　　鲍勃苍白的脸上渐渐浮起灿烂的笑容。

　　集训结束的时候有一场和邻校的汇报比赛。最后一次训练结束后，孩子们举着手争先恐后拥到我面前，希望自己能首发出场。鲍勃的左手几乎举到我的眼前，我装作没有看见。剩下最后一个名额时，我沉默地看着鲍勃。鲍勃涨红的脸上突然有了凝重的神情，他坚定地举起右手，微微张开两指："教练，请给我一次机会。"

我记得那回鲍勃进了两个球。

伤痕往往是上帝的亲吻，如果你能够正视。

生命感悟：

世界上最明亮的是孩子的眼睛，最纯净的是孩子的心。我们往往在长大的过程中忙于应付各种各样的琐事，为了适应社会获得自己的生存能力而变得越来越现实，逐渐淡忘了曾经纯真的梦想。学会倾听孩子的梦想，尊重孩子的心愿吧，你会从他们身上找回在现实中迷失的自我，更加充实地生活。

4 挫折
当病魔带来风雨 > ...

手术台上的生死搏斗，病房里的起死回生，患者的病痛与悲伤，医生的天职与良知……生命的含义包含这些，又不限于这些。

当病魔来袭，春天没了阳光明媚，却加了些寒风萧瑟；没了春意盎然，却有了些枯枝残叶。春天还是春天吗？

病魔带来的痛楚，我们都记得这样牢。我们无法阻止"噼里啪啦"的爆炸声，因为那是生命轨迹上的乐曲。

生命如此脆弱。在大自然中，生命往往显得那么渺小，那么无奈，似乎经不住任何病魔的冲击。但是，生命确是大自然中的胜利者，因为生命是那么的顽强！

生命让我们选择战斗！我们不能容忍死神夺走我们的爱、我们的希望、我们的友情。让我们献出一份爱心，成全一份勇敢的坚持，传递一份生命的热度！期待着，生命会再次扬起它的风帆，一路前行！

雪压青松挺且直，霜打秋叶红似花。生命的背后，常常有一股爱的力量和信念，它们总在默默地支撑，使生命多一份守望，多一份坚信。这生命，如此顽强和不屈，竟穿越逆境，创造出光辉的奇迹。

摔倒了，有什么关系？反正能够重新站起来。摔倒的时候抬头仰望天空，蓝蓝的天空在上头，看起来那么广阔无垠……看得出它正在对你微笑吗？

春天，原来还是春天，阳光洒在卷翘的眼睫毛上，压出了弯弯的一双笑眼。阳光洒遍全身，心也跟着温暖起来。

让每个人——都坚强面对生命！

99 枚纸做的"金牌"

〇程立祥

　　一个春风和煦的上午，邮政银行给儿童医院送来一笔数目巨大的捐款。当院长宣布这个好消息的时候，整个医院一片欢腾，医生、家长、孩子的眼里都噙满泪花。对于一个个身心疲惫、金钱短缺的家庭来说，这笔捐款意味着生命的延续，甚至是生命之花的再次开放！

　　这是波兰的一家儿童医院，因为救治了许多白血病患者而闻名世界。可就在这家医院里，依旧有许多孩子因为医治不及时而离开了这个美丽的世界，当然，更多的家庭是因为付不起昂贵的医药费，伤心欲绝地看着一朵朵鲜花在痛苦中夭折了。现在，有了这笔巨大的捐款，天空刹那间变得明亮了，许许多多白血病儿童的生命就充满了希望，充满了阳光！

　　在这笔巨款启动的时候，几位得到救助的儿童家长开始寻找这位神秘的好心人，希望知道这位慈善家的名字。可惜儿童医院没有半点关于捐助者的信息。

　　而此时，电视节目中却正在批评一个叫杰德捷泽扎克的女运动员，说她在雅典奥运会中夺得女子两百米蝶泳的金牌，是波兰在游泳项目上的第一位奥运冠军，为国家争了光，可是，就是她，回国后却把这枚金牌拍卖了，得了一笔巨款过起了奢侈富足的生活……

　　一年后，经儿童医院多方打听，终于找到了捐助者杰德捷泽扎克，把她邀请到了儿童医院。被医治好的白血病儿童都来感谢他们的恩人。他们都说是杰德捷泽扎克给了自己第二次生命！杰德捷泽扎克和孩子们幸福地笑着，跳着。

　　杰德捷泽扎克的愿望实现了，她那枚金牌所拍卖的钱医治好了几十名白血病儿童，使他们再次拥有了生命。他们重返校园，脸上充满了欢乐，充满了阳光！

　　就在杰德捷泽扎克准备离开儿童医院的时候，许多的新闻媒体蜂拥而来。可是杰德捷泽扎克没有说自己的故事，没有接受任何一家媒体的采访，留给他们的只是微笑。她打开身边的一个精致的小盆子，里面装了 99 枚金牌，都是用纸做成的，这是世界上独一无二的金牌！是白血病儿童亲手做的，他们现在活得都很健康！

杰德捷泽扎克拿起一枚金牌戴在脖子上，噙着泪说，这 99 枚金牌代表了儿童医院所有白血病孩子的心，它们是世界上最为贵重的金牌！

生命感悟：

挣脱了死神之手的幼小的孩子们颁发给杰德捷泽扎克的 99 枚纸做的金牌，是以感恩的心铸成的，因饱含了爱的成分而变成无价之宝，因蕴藏着生命的重量而成为世界上最沉的奖牌。这是这位奥运冠军获得的最珍贵的荣誉，比起金属制成的冰冷的奖牌，它们的温度足以温暖所有人的心。

残疾女孩的选美之路

○莎伦·考特利

阿比·卡润患有脑瘫，但她对美有着无限的向往和追求。她梦想着自己能像其他女孩一样健康美丽，渴望天赐良机，参加选美竞赛。

阿比·卡润在伊利诺斯州西北部的一所养猪农场里度过了无忧无虑的童年生活，她最难忘的童趣是观看亨利县展览会举办的选美大赛。她充满渴望的眼神里，流露出对美无限的向往。她憧憬着自己就是舞台上婀娜的选手，把自己灿烂的微笑、优雅的身姿、高贵的气质留给观众。但不幸的是，阿比有先天不足：因为先天性脑瘫，10 岁时还依靠着支架、拖着永远落在后面的左腿走路。高中时，看到选美比赛的传单，阿比总是跃跃欲试。老师好意地奉劝："哦，亲爱的阿比，现实点儿，这不适合你。"

阿比对无数次的"忠告"只是莞尔一笑。她勇敢地报名了，但又如预料地被淘汰。

或许是苦心人天不负，在第二年的一场地方选美比赛中，她一举摘下选美小姐的桂冠。2008 年 4 月 11 日，这位踌躇满志的 20 岁女孩，在与 50 名对手的竞赛中脱颖而出，荣获"美国爱荷华州美国小姐"的桂冠。美国小姐的花名册上从未出现过患有脑瘫的女孩。阿比说："我希望所有美国人不要把目光仅锁定在走路的残疾上，应关注才艺等全能方面的公平竞争。"

在选手们参加的池边晚会上，获得冠军的小姐必须跳进冰冷刺骨的水池，让全身湿透。她丝毫没有犹豫，纵身跃进水池，没有什么困难可以阻挡她。

阿比在两岁时被诊断为轻度脑瘫，她每天都在刻苦地训练肌肉控制和协调能力。阿比做过跟腱拉延手术治疗，经过多年的治疗提高了步行能力，但走路依然一瘸一拐，有时甚至失去平衡。阿比的父亲迈克是农场主，母亲凯蒂是一名护士，阿比是家里的独生女，也曾经干过下地除草、饲养猪等农活。父母虽然离异，但却一直共同激励阿比对美的不懈追求。坐在电视前观看选美比赛是阿比生活中的最大享受。妈妈、祖母都会陪伴着阿比记录比赛者的点点滴滴。她总是爱穿牛仔裤，展现着无限的青春活力。

为克服自身的缺陷，阿比每天都要沿楼梯锻炼步行。为了避免锻炼的单调乏味，她总有心爱的薄荷冰糖与她相伴。无论成功还是失败，总会有圣代冰激凌让自己分享。她穿运动鞋完全可以自己走路，但表演时，她总是穿上处理过的两英寸高的高跟鞋走路，并由一位指定助手陪同。阿比真诚地说："我会竭尽全力，因为我步入舞台，就仿佛置身天堂。"

阿比还一心想着帮助和鼓励后起之秀。2004年，在伊利诺斯州的中学，她利用当地的捐款举办了第一届"小姐——你能做到"的选美比赛，有许多年轻的残疾女孩参加，在星光琉璃、光彩夺目的舞台上展示她们的青春风采。阿比说："我希望更多的女孩子要充满自信，不必担心其他人的目光，尽情绽放自己的美丽。"

阿比现在就读于爱荷华州达文波特的圣安布鲁斯大学，是公共关系二年级的学生，她的梦想是成为一名商业飞行员，并开始接受飞行训练课程。她依然看到周围怀疑的目光，她也知道这是一条充满荆棘且无比坎坷的路，但坚定的意志是她向上的动力。

生命感悟：

热爱生活的阿比，虽然身体重度残疾，但从不向疾病屈服。她带着微笑去迎接生命一次又一次的严峻考验，把坚强写进了生命，努力诠释着生命的意义。生命，虽然被环境规定着、改变着，适者生存的规律尽管无情，但一切的适者都是战胜环境的强者，生命现象告诉我，生命就是拼搏。

决不放弃

○杰米里·戈登

14岁的布里恩·沃克酷爱足球，是全美一号足球射手杰姆·米勒的崇拜者。他不幸患了一种罕见的神经麻痹症，又并发了肺炎。医生切开了他的气管吸痰，并使用了呼吸器。布里恩处在绝望的时刻。

"我们已经做到了所能做的一切，"医生告诉沃克夫妇，"恢复健康必须布里恩用奋斗来配合。"

"我还能走路吗?"布里恩曾问过父亲。

"当然能，"沃克坚定地回答，"只要你有足够强烈的愿望，你就能做到你想做的一切!"

晚上，布里恩奋斗着试图活动脚趾。五个小时过去了，布里恩满身大汗，像掉在池塘里。"我不能动了，"他无声地哽咽着，"我不会好了，我要死了!"

以后的两天里，布里恩昏睡不醒。他不能说话，不能动弹。任何奋斗都离他远去了。

2月16日，沃克终于唤醒了他的意识："我现在就去找杰姆·米勒!"

对于球星杰姆来说，医院里的情景是令人不安的。沃克夫妇在二楼迎候。那儿，一小群医院职工聚在一块儿要见见这位名人。但更使他感到不安的是布里恩。他瞥见了一个几乎淹没在软管和机器中的憔悴的影子。

沃克走近儿子，指着挂在墙上的一件"欧尔密斯"运动衫。"布里恩，"他说，"你是多么想见到这件运动衫的主人，是吗?"

"杰姆·米勒?"布里恩的脸亮了一下。"我不相信，"他想，"他不会在这儿。"

可是，那儿，那在门口的人，就是他所崇拜的英雄。泪水从他瘦削的脸上流下，他激动得颤抖起来。

"嘿，小伙子，你怎么啦?"杰姆说。他大步走向布里恩，在病床前俯下身，伸出手。真是不可思议，布里恩伸出左手，握住了这位足球明星的手。这是他两个星期以来第一次移动胳膊。布里恩紧紧抓住杰姆，足足有一个小时。

"你会战胜的，但这可不容易，"杰姆说，"你一定要像攻入球门那样达到目标，并为此而努力。我呢，也必须为所向往的一切而战斗。等你好了些，我们就互相练射门！"

这些话对布里恩是特效药。"我和杰姆·米勒一起踢球？"他喃喃说道。

"你可不能放弃希望，"杰姆平静地继续说，"我知道，你将战胜这一切。我打算每星期都来看你，直到你出院回家为止。我希望看到你的进步。好，答应我，你打算试一试。"

"我全力以赴。"布里恩吃力地点了点头。

布里恩的左手垂在床上，一动也不能动。仅仅几小时之前，他还举起这只胳膊和米勒握了手。"我已这样做过，就能做第二遍。"他把浑身的力气都向柔弱的手指集中。"动一动！"他命令道。但手指像块石头，一点也不听使唤。布里恩一次又一次地想活动手。每当要放弃努力时，他就想到了杰姆。"没法活动十个手指，"最后布里恩想道，"也许我可以每次活动一个手指。"他看着右手的食指。"动一下！"他说。什么也没有发生。

两个小时过去了，他已精疲力竭，他平生还没有这样奋斗过。"我不行了。"他想。

突然，在又一次努力时，一个手指出乎意料地颤动了一下。"我能动了！一个能动，十个为什么不能？"

十一点半，布里恩已能活动右手的全部五个手指了。第二天上午，他已在活动着左手的五个手指了。

"我一定能好起来，既然杰姆都相信我，那么，我一定更要相信我自己。每个星期，我都要向他证明，我在战斗着。杰姆将为我而骄傲。"

在首次访问的一个星期之后，杰姆步入病房时，发现布里恩倚在一大摞枕头上，正在把一片汉堡包吞进嘴。

"你在吃饭！"杰姆对他的进步感到惊讶。

布里恩指指立在那儿的呼吸器。"我去掉了它，我自己能呼吸了。"杰姆明白了他的意思。

杰姆很高兴。"好，小伙子，我知道你像一个战士，"他说，"我真为你自豪。有一天你将成为一个优秀的运动员，因为你有运动员的毅力和勇敢！"

布里恩被夸得脸红了。

"我给你带了点东西。"转眼之间，杰姆把"索普"杯大赛时穿的那件衬衫递到了布里恩的身边。这是杰姆穿过的，一件真正的运动衫。

接着，杰姆谈起了他的最艰苦的比赛，谈到了他们所遇到的最强硬的挑战，谈到了日常的训练，还谈到了他的烦恼。

布里恩听得出神。在他心中，一个美梦重新做起。"我是一名优秀射手。有朝一日我还要踢球，我知道我能。"

布里恩利用一切机会锻炼活动。用床栏做柱子，他试着坐起来。头和肩抬起了两英寸，这是一个巨大的胜利。过了一些时候，又能抬起四英寸。

当杰姆下一次来时，布里恩能动脚趾了。杰姆大笑着，看着仍然那么瘦弱单薄的布里恩。他甚至怀疑："如果这件事落在我头上，我也能做到这一切吗？"

布里恩正等得不耐烦，杰姆走进了门。

"哈罗！"布里恩脱口而出。

"你能说话了！"

"谢谢！"布里恩向朋友伸出手，"多谢你来看我。"

杰姆脸红了。"我为此感到骄傲。"他轻轻地说。然后，他对他的崇拜者微微一笑。"你是一个做到一切的人，布里恩，你记住吧，这是你自己做到的。"

但布里恩知道：没有杰姆·米勒，他是不可能做到这一切的。

3月14日，布里恩出院了。他才仅仅能够站起来。医生们告诉他，他应该继续接受几个月的体育疗法的治疗。他没有在意，还是回家了。

6月初，布里恩终于回到了草坪前的足球场。"这一球，为了杰姆·米勒!"他大喊道。他向前两步,抬起右腿,把球一脚射去。

对布里恩来说,这一射虽然只有十五码远,但就像取得了"索普"杯一样漂亮!

生命感悟:

不放弃会给你非凡的创造力,在危难时刻你会想尽一切方法以求生存,让你创造惊人的奇迹;不放弃会给你无数的能量和勇气,面对挫折和困难,你会迎头而上,挖掘出自身无限的能量来化解危险;不放弃是你把握机会的好帮手,当你在探索成功的道路上遇到了阻碍,如果你没有放弃,开动脑筋,勇往直前,终会克服这些困难。

戴牛仔帽的天使

○弗吉尼娜·科斯特

　　我只有 8 岁，是白人的孩子，而弗里德是纯粹的印第安人。他的祖先在英国移民到美国之前很久就居住在此。弗里德对这里如此熟悉，知道方圆几十里地以内的每一棵树、每一种动物。

　　弗里德在我叔叔的马厩打工。那时，许多人都失业了。我的家还算比较幸运，有稳定的收入。我的叔叔为有像弗里德这样老实的好帮手而深感幸运。每天黄昏，我都会和弗里德一起牵着我们最喜爱的两匹马艾德和帕特斯去溪边喝水。"咱们在这里停一下，吉尼娜，"那是夏日的一个黄昏，当我们走了一半的路程时，弗里德指着几株植物说，"你看，是野草莓。"

　　我摘下一颗品尝，很甜，"日子虽然苦，可世上还是到处都有珍宝呢！"弗里德对我说，"感谢上帝。有时大人们的烦心事太多，会忘了这一点。可是，我不想让你也忘了。"

　　每天黄昏去溪边，是我一天中最快乐的时光。但是，随着气候逐渐变冷，我越来越疲倦，喉咙也越来越疼，吞咽变得困难起来。"猩红热。"医生说。我被隔离了。

　　我躺在床上，发着高烧，周围的一切均在朦胧中：妈妈的脸，爸爸的说话声，医生的手，现在，哪里还有上帝的珍宝呢？

　　"吉尼娜？"一天下午，我迷迷糊糊地听见妈妈在叫我。我张开嘴，甜蜜的汁液马上流进了喉咙。一颗野草莓！我舌头有点疼，可是甜草莓汁减轻了疼痛。弗里德是对的。世界上仍然还有珍宝，感谢上帝的野草莓。

　　我的病恢复得很慢。最后，高烧终于退了。我能坐起来了。一天黄昏，妈妈给我端来了蜂蜜水。不知道弗里德现在是不是到溪边去了。"我病了这么久，希望弗里德不要把我忘了。"

　　"把你忘了？"妈妈说，"弗里德每天都要来这里呢！知道那些野草莓是从哪里来的吗?"

　　终于,我可以见第一位访客了:弗里德。今天,他会带来一朵野花。明天,他会送我一块磨得光亮的小石头。后天,还有装在瓶子里的奇特的小虫子。

　　"我想去看看艾德和帕特斯。"一天,我对弗里德说。

　　"你还不能去看它们。"弗里德告诉我,"可是它们可以过来看看你。"

　　第二天下午,弗里德便骑着艾德来了。我站在窗口,看着弗里德训练艾德。艾德对着我鞠躬,弗里德掀了掀他的牛仔帽向我致意。他们的表演比马戏团的还棒!

　　即将到来的圣诞节给我带来了礼物:医生说我可以出去了!妈妈把我裹得严严实实的。我一穿上靴子就去找弗里德。

　　"我要堆雪人!"我宣布说。

　　弗里德却摇了摇头: "堆雪人是个重体力活,我帮你堆吧。"

　　弗里德就在我窗户外干开了。他堆出了我见过的最高最胖的大雪人。他用木炭做了雪人的眼睛,用胡萝卜做了鼻子,最后取下他的牛仔帽戴到雪人头上。

　　"我们就叫它大弗里德吧!"我说。

　　那天晚上,爸爸妈妈来到我房间的时候,大弗里德还骄傲地站在我窗户外。"你的病花去了家里不少钱,今年,咱家就不买圣诞树了!"爸爸对我解释说,"不过,圣诞节还是要过的,它还是咱家的一个特别节日。"

　　爸爸妈妈拥抱了我。可是他们一离开房间。我就倒在床上哭了起来。我多么想要一棵圣诞树啊!接着,我便想起弗里德曾说过的,是上帝给地球种满了树。于是,我双手合十,祈祷着:"上帝呀,请您给我们也送一棵圣诞树吧!"

　　每天早上,我都跑下楼查看。但是,没有树现身。圣诞节前夕,我猜想,上帝一定太忙了。

　　第二天一大早,我便听见父母说话的声音。我赶紧下楼。我的圣诞树!它身上挂满了小彩灯和银色彩带!

　　"上帝给我们送树来了!"我说。

"是弗里德从树林里带来的。"妈妈告诉我。

我伸手去抚摩一束束银彩带。是的，上帝没必要给我送树，他已经送了我一个弗里德了。

我看见一个用亮闪闪的红纸包起来的礼包。是弗里德送我的。我赶快打开一看，原来是化妆粉——一件成年人的礼品！

大弗里德比我见过的所有雪人都更经久不化。它融化后不久，真正的弗里德来了。

"我要走了，吉尼娜，"他说，"我哥哥那里需要帮手。"

我哭了，不让他走。

"记住我教给你的，"他对我说，"随时留心找到世界上的珍宝。"

我点点头。弗里德最后一次掀了掀他的牛仔帽，转身上了大路。从此，我再也没有见到过他。

但是，在我以后的成长岁月里，我一直怀着感恩的心，怀念着生活曾给我带来的一切：圣诞树、雪人和野草莓，光亮的小石头，小昆虫和化妆粉，在这一切中最珍贵的就是天使般的弗里德，我今生永藏于心的最好珍宝。

生命感悟：

世界上的珍宝不一定藏在传说中的藏宝图里，或许就在我们每个人的身边、心里、记忆里。每一个值得我们珍惜的朋友和与朋友之间美好的回忆都将是我们生命中最珍贵的宝贝。

为我唱支歌

○阿瑟·米尔沃德

在伦敦儿童医院的一个病房里，除了我儿子艾德里安，另外还有七个孩子：卡罗尔、伊丽莎白、约瑟夫、赫米亚、米里亚姆、萨利和弗雷迪亚。他们中最小的是我儿子，只有4岁，最大的是12岁的弗雷迪亚。除了伊丽莎白，他们都患有白血病，他们活在世上的日子已是屈指可数了。

10岁的伊丽莎白，长得非常漂亮，蓝蓝的眼睛，金色的头发，十分惹人喜爱。当我去看望我儿子时，孩子们说起伊丽莎白做完这个疗程，就要离开这里，回家去休养一个时期。他们都对她恋恋不舍。不幸的命运，使这些孩子相依为命。他们彼此分享一切，甚至分享他们的父母之爱。

伊丽莎白的耳后做过一次手术，就此她的耳朵渐渐地聋了，病情发展得很快，再有几个月她就会失去全部的听力。她十分爱好音乐，天生的一副好嗓子，并且很有希望成为一个出色的钢琴家。但是，命运对她的安排使这一切都成了泡影。可她从未因此而抱怨过，只是在没人时，才偷偷地伤心落泪。

伊丽莎白热爱音乐胜过了热爱世界上的一切。她爱听音乐也就像爱参加演出一样。每次，我给我儿子铺完床，她总是向我点点头，招呼我到娱乐室去。晚上的娱乐室是安静的。她坐在一张大皮椅上，让我紧挨在她的身旁，拉着我的手对我说："给我唱支歌吧。"

虽然，我没有美妙的歌喉，但只要我能哼出调来，我就不忍心拒绝她的请求。我把脸对着她，使她能看到我的嘴。我尽可能地唱得清晰些，每次总是唱两支歌来作这次"特邀演出"。她总是那么认真地听着，享受着这并不完美的歌声。完了，她就在我的前额上飞快地落下一个吻，以示她诚挚的感谢。

其他孩子们都为她的不幸而担忧，他们很想为她做点什么而使她快乐起来。在弗雷迪亚的提议下，他们经过讨论，决定去找照管他们的护士希尔达·柯尔比。柯尔比是个高而清瘦的年轻妇女。她长得不漂亮，甚至可以说有些难看。可是孩子们以及这些孩子们的家长都十分喜欢她，孩子们都知道柯尔比是他们的好朋友。柯尔比听了孩子们的想法感到很惊讶，她大声说："你们要在三个星期后开一个音乐会来庆祝伊丽莎白 11 的岁生日？你们一定是疯了吧！"可当她看到孩子们一个个低着头的那副丧气的样子，她又说，"你们都疯了。不过，我还是愿意帮助你们。"

柯尔比说完就来到护士值班室，给离医院不远的一个音乐学校打电话："请转告玛丽·约瑟夫姐姐，"她对那儿的值班员说，"告诉她晚上在家等着，希尔达·柯尔比有要紧事找她。"

一下班她就开车去了音乐学校。她的朋友玛丽·约瑟夫姐姐是那儿的音乐教师。

见到玛丽，柯尔比开口就问："有没有可能在三个星期内，使一些从未受过音乐训练的孩子单独地开个音乐会？"

"完全可能，"玛丽说，"这不仅只是可能，而且完全可以。"

"太谢谢你了，玛丽姐姐，"柯尔比高声叫道，"我准知道你一定能帮我的忙。"

"等等，柯尔比，你先别谢我，我总得知道是怎么回事吧？"

二十分钟后，在音乐学校的岔路口，柯尔比向玛丽道别："不管怎么说，真是太谢谢你了！"她反复谢着玛丽。

柯尔比回到医院。当伊丽莎白像往常一样去接受治疗时，柯尔比把事情经过告诉了孩子们。"他叫什么？"弗雷迪亚不相信地问，"他到底是个男的还是女的？他怎么叫玛丽·约瑟夫？"

"她是个修女，弗雷迪亚。她在伦敦的一所最好的音乐学校里当老师。听她的一堂课得付两个畿尼呢。不过她可是免费为你们训练的。"

事情就这样定了。在玛丽姐姐的指导下，每天，当伊丽莎白去接受治疗时，孩子们就开始练习。但怎样使 9 岁的约瑟夫也能参加这次音乐会成了大问题，因为他的声带刚动过手术，发不出声来，又不能把他落下。

当玛丽注意到约瑟夫看见别人都分到了一部分唱段而露出的那股渴望的眼神时，就对他说："约瑟夫，我相信真主一定要让你在这次音乐会中用一种特殊的方式帮助我。你和我的名字一样，都叫约瑟夫。你就坐在我身旁帮我翻乐谱吧。"

约瑟夫的眼睛亮了一下，但立刻又含满了眼泪。他在一张纸条上歪歪扭扭地写下一行字："玛丽姐姐，我不识谱。"

玛丽微笑着坐到这位焦急的孩子的身旁。"别难过，约瑟夫，"她安慰着他，"你会看懂的，主和我都会帮助你的。"

简直难以相信，不出三个星期，玛丽姐姐和柯尔比把这些没有一点儿音乐天才的濒临死亡的孩子们，训练得能开一个像样的音乐会，并使一个既不能说又不能唱的孩子，成了一个熟练的翻谱手。

同样使人惊奇的是，这个秘密居然保守得很好。当伊丽莎白在她生日的那天下午，坐着轮椅来到医院的小教堂时，她感到非常惊讶。她那可爱的脸庞因兴奋而涨得通红。她向前倾着身子，忘情地听着。

听众们——十位家长、三个护士，坐在离舞台几英尺远的地方，他们难以看清孩子们的脸，可他们却能清楚地听到孩子们唱那些深受伊丽莎白喜爱的、有些走了调的歌曲。

音乐会开得非常成功。伊丽莎白说这是她所过的生日中最愉快的一个。孩子们也因此感到骄傲与幸福。约瑟夫激动得流出了眼泪。我敢说，我们中也一定有许多人流了泪。

人们对这些孩子们所受的精神折磨、肉体痛苦、死亡的威胁寄予了深切的同情；但是，更使人们为之感动的是：这些孩子们对生活充满了信心和希望，以及他们所表现出来的那种不屈不挠的精神——毅力和勇气！

我没有这次音乐会的节目单，也写不出激动人心的好文章。然而，我却要说，我从来未曾听到过，也不可能再次听到比这更美的音乐了。只要一闭上眼睛，我就能清楚地听到那次音乐会上的每一个音符。

许多年过去了，这六个孩子清脆的童音早已平静了。音乐会上的七个孩子——六位歌手和那个翻乐谱的约瑟夫——都已长眠了。但是，我敢肯定，已经结婚并正在哺育着她自己金发碧眼的小女儿的伊丽莎白，一定还会记得那七个孩子的歌声，因为这是她失去听力前，所听到的这个世界最后的声音。

生命感悟：

人生没有绝境，失去什么也不能失去希望。

太阳因为永不放弃，才最终冲破重重迷雾，光耀万里；江河因为永不放弃，才流泻千里，到达浩瀚无边的大海；小草因为永不放弃，才不计星星点点的渺小，最终连成一片，绿茵满地。

幸福就在身边

○詹姆斯·C·布朗

当我们把5岁的玛丽推进MRI（核磁共振成像）扫描室时，我试图想象着她一定会有的感受。她因身患中风导致偏瘫，被送往医院作脑瘤的治疗，而且她近来失去了父亲、母亲以及她的家庭。我们都想知道玛丽会有怎样的反应。

她极为配合地进入核磁共振成像扫描机，于是我们开始检查。检查的时候，每次成像的一系列过程，都要求病人一直保持平静，时间大约是五分钟。对每个人来说，这将是难以做到的——对一个遭受如此多痛苦的5岁孩子而言也定是如此。我们正在拍摄她头部的影像，因此她面部的任何动作，包括讲话，都能导致影像失真。

进入检查第一阶段大约两分钟时，我们在录像显示器中注意到玛丽的嘴在动。通过内部通话系统，我听到轻微的声音。我们暂停检查，并温和地提醒玛丽不要讲话。她微笑着，答应不讲话。

我们调整机器，重新开始检查。我们再一次看到她面部的活动，并且听到她微弱的声音。但听不清她说的什么。每个人都有点儿不耐烦了。

我们又探进身去，让她从机器中滑出来。她再一次尴尬地笑笑，看着我们，丝毫没有不高兴的表情。技术专家的态度可能有点生硬："玛丽，你又讲话了，那会使影像不清晰的。"

玛丽依然笑着回答："我没有讲话，我是在唱歌。你们说过不能讲话。"我们彼此看了看，感到有点儿荒唐。

"你唱的什么歌？"有人问她。

"《基督爱我》。"她的回答勉强能听得见，"我幸福的时候总是唱《基督爱我》。"

房间里的每个人都不知道说什么好。幸福？这个小姑娘怎么会幸福呢？我和技术专家因为快要流泪了，不得不离开房间一会儿，以恢复镇静。

96

从那天以后，许多次在我对生活的某些方面感到焦虑、不悦或不满时，都想到了玛丽，觉得自己既自卑又得到了启发。她的事例使我明白了幸福是一件奇妙的礼物——每个愿意接受它的人都可以拥有。

　　生命感悟：

　　生命，是金色的阳光铸造的，是纯净的山泉灌溉的，是百花的香甜凝聚的，是天地精气孕育的。它是人世间最美好的东西。但是，生命只有在时时充满激情的情境之下，才能够绽放出美丽而灿烂的花朵，才能够涂上最亮丽的色彩。

用双脚和热情生活

○唐纳德·柯蒂斯

　　此刻，我正坐在办公桌前，将一天来收到的在办公桌上堆得高高的信件分类整理。突然，其中的一封信吸引了我的目光，因为信封上我的地址是用打字机打上的那种非常漂亮的字体。顿时，我觉得这封信似乎有一种神秘的力量在吸引着我，于是，我第一个就拆阅了它。

　　拆开信，我发现在那张价格不菲的信纸上，信的正文仍旧是用和信封上一样漂亮的浅褐色字体打印的，整封信的格式准确无误，排版美观大方，可以说，这封信简直就是所有私人信件的最佳范例。正是因为它的完美无缺，吸引我读了下去：

亲爱的柯斯博士：

　　上个月，在福克斯威尔希尔剧院，我有幸聆听了您关于心灵科学的星期日讲座。听了您的讲座，我深受感动，并且，从您的讲座中，我获益匪浅。我认为您应该将您的讲座汇集成书，以便让所有人都能像我一样，从中获得鼓励和教益。

　　鉴于这种情况，我特地向您提一个建议：如果您愿意将每个星期天的讲座录音带送来给我的话，我非常乐意用打字机为您将它们打印出来，然后，我会将打印好的文稿和录音带一起奉还给您。

　　我真的非常希望您能够允许我为您做这件事，我也非常希望能将您带给我的巨大收获与别人分享。您只需让您的秘书给我打个电话，我就会安排人员在每个星期一的早晨前去取录音带。

　　愿上帝保佑您，保佑您伟大的工作。

您真诚的

玛莉·露易丝·卓拉斯谨上

信尾的签名是用和信封以及信的正文一样漂亮的浅褐色字体打印的，整封信从头至尾竟然看不到任何手写体的字句。

读完信，我的心里不禁感到一阵狂喜，因为困扰了我多时的难题终于有人愿意为我解决了，看来，我的祈祷即将变为现实了。几个月来，我一直在寻找一个合适的人选，能将我星期天的演讲转录成文字，但是却始终没有找到一个能够直接把录音带上的内容转录成文字的人。当时，具有自动倒带功能的录音机还没有制造出来，因此，要把录音带上的内容转录成文字，必须要一手操作录音机，一手打字，要做到这一点确实非常不容易。在那段时间里，每当看见越堆越高的录音带却又不能将它们转录成为文字，以便将来汇编成书的时候，我都会有一种灰心丧气的感觉。

然而，让人意想不到的是，此刻，我竟然收到了玛莉·露易丝·卓拉斯的来信。我按捺不住内心的喜悦，立即按照信上给的电话号码拨通了电话，并要求跟她谈谈。

但是，我却听到一个女性的声音很友好地答道："我很乐意为您向她转达您的意思。"

"哦，非常感谢您，我想跟她本人谈谈，可以吗？"我问道。

"哦，非常抱歉，她现在不能马上过来接电话，"那个声音仍旧很友好地答道，"请把您要对她说的告诉我吧，我会为您转达的。"

"非常谢谢，"我说，"请您告诉卓拉斯小姐，唐纳德·柯蒂斯已经看过她的那封美妙的信了，特地回电话给她。"

"她会很高兴您能打电话给她，"那个声音答道，"那您能告诉我什么时候可以去拿您的星期天讲座的录音带吗？"

"哦，我很乐意亲自为她送过去。"我很想直接接触这位给我写信的天使，于是，我执意地答道。

"哦，柯蒂斯先生，您完全没有必要那样做。明天中午，请您将录音带放在您的办公室，到时候会有人去拿的。噢——卓拉斯小姐自己有录音机。周末之前，我们会把录音带和文稿送回您那里的。"

"非常感谢，"我答道，"我会按照你们的要求，明天中午将录音带放在我的办公室里。"

　　对于这种神秘的安排，我虽然感到迷惑不解，但是，我还是非常高兴地接受了这自动送上门来的好运。

　　两天之后，第一卷录音带和几页打印好的文稿送回到了我的办公室。文稿还是用那种漂亮的浅褐色字体打印的，并且，每一页都打得非常完美，行与行、字与字之间的间隔都非常一致，就连页边的空白竟然也是一致的，而且，全篇找不到任何一处错误。当我从头至尾读完文稿的时候，我简直高兴极了，这不正是要将我的星期天讲座汇编成书所需要的初稿吗？我爱不释手地摩挲着那几页文稿，然后，抓起了电话，我要立刻打电话给卓拉斯小姐，我要好好地感谢她。但是，接电话的却仍旧是那个非常友好的声音。

　　"喂，您好，"我说，"我是唐纳德·柯蒂斯。我可以跟卓拉斯小姐说话吗？她把文稿打得这么漂亮这么好，我要好好谢谢她。"

　　"哦，您好，柯蒂斯博士，"她回答道，"我会将您的话转达给卓拉斯小姐。她一定会非常高兴您打电话过来的。请您不要忘了，星期一的早上，务必要将您星期天讲座的录音带放在您的办公室，我们会像以前一样派人去取的。"

　　就这样，我们的关系维持了将近一年。在这一年里，我每个星期都能收到打得很漂亮的文稿。终于，我收集了足够我出版第一本书所需要的最佳"材料"。但是，我却始终也没能够见过我那神秘的打字天使，甚至连和她直接通电话的机会都没有过。但是，我却收到了她寄给我的用与她为我打印的文稿相同风格打成的热情洋溢的"感谢信"。

　　一天下午，我突然接到一个私人电话，电话里仍旧是那个非常熟悉的声音。她说："柯蒂斯博士，我现在替卓拉斯小姐打电话给您。今天下午五点，她想邀请您过来喝茶，不知您是否有空？"

　　哦，真是谢天谢地，殊不知我早就想去拜访她了啊！我立即欣然接受了邀请。下午五点整的时候，我准时赶到了她给我的地址。这时，一位态度和蔼的女士出来迎接我，从她的声音里，我立刻就认出了她是平时和我联系的那位女士。

"下午好，柯蒂斯博士。您能光临真是太好了！卓拉斯小姐正在起居室里等您呢。"

接着，我跟她来到了一个温暖、舒适的房间里。一位年轻的女子正坐在屋子中间的轮椅上。她的头歪向一侧，脸上呈现出一种痛苦的表情。不仅如此，她的双手紧握着，放在两腿之间，身体不停地抽搐着，而当她微笑或者说话的时候，则必须要仰起脸。说实在的，她的这副模样，真让人感到非常痛苦，但是，在她——玛莉·露易丝的身上，我看到的却是喜悦和愉快！

在她轮椅前面的平台上，并排放着一台大录音机和一台老式的打字机。当我们寒暄之后，玛莉·露易丝就抬起一只脚，用脚趾按下录音机的放音键，让它先播放片刻，然后又用脚趾在打字机上打下那段刚放过的内容。然后，就又重复这一程序。当她用双脚熟练地完成整个程序之后，她将双手紧握着放在两腿之间，以免双臂连续抖动。然后，她艰难地仰起脸望着我，脸上洋溢着自豪的微笑。

从降临人间的那一刻起，玛莉·露易丝就患有大脑性麻痹症，但是，她却凭借着坚忍的毅力和不屈不挠的精神，来训练运用双脚的技巧，最终战胜了所面临的障碍。那位我早已在电话中所熟知的非常友善的女士则是她的忠贞不渝的伙伴、朋友以及护士。她们两人始终形影不离，一起生活，一起工作，她们的生命不仅充实丰满而且富有意义。

自从玛莉·露易丝第一次为我打印文稿以来，一直持续了好多年，在这么多年里，她却从来没有向我索取过任何报酬。在她用脚趾为我打印的数千页文稿中，我从来没有发现任何错误。

多年以来，这位非凡的女士已经成了我最亲密的朋友之一。她不仅有着一颗我所见过的最美丽的心灵，而且，她始终用她那满腔的热情无私地帮助别人，过着充实丰满而又富有意义的生活。虽然，她的任何行为都必须要依靠她的双脚来完成，但是，她却好像全然不受困扰似的，从不怨天尤人，从不自暴自弃，内心始终充满着欢乐，充满着自信，以百倍的热情和顽强的毅力去面对生活，去面对生命。

正是因为这位乐于助人的美丽的天使，我的生活才变得更加充实、更加丰富、更加幸福、更加富有意义。

、

生命感悟：

"身体和精神是不能同时残障的。"的确，一个人的身体也许是不健全的，但是却一定要有积极的生活态度。就像文中的玛莉·露易丝一样，只要心中充满希望，热情地迎接一切挑战，生命也会因此被赋予新的意义。

困难与磨难就像一把雕刻刀，它消磨掉人们性格中怯懦、脆弱的部分，最后，留下勇敢、坚强重塑人生。

珍惜生活的恩赐

○谢尔比·德·福里奇

　　结婚之前，我的生活是完美的。梦中情人斯格特成了我的丈夫之后，我们更加相亲相爱了。夏天，我们一起去野营，冬天，我们一起去滑冰，我们一起在月光下翩翩起舞。我们年轻，我们健康，我们的未来就像亚利桑那的阳光一样灿烂。

　　我为一家医药公司做销售代理已经五年了，经常出差。由于经常走路，所以当我的脚趾头有些疼痛的时候，我并未在意。"也许是高跟鞋弄的。"我告诉斯格特。然而，疼痛逐渐上移到了腿部，消炎片和药膏一点用都没有。后来，膝盖开始疼痛肿胀。我感觉非常疲倦。每当一天结束的时候，我都几乎累瘫在床上。我是不是已经老了？可是我明年才满 30 岁啊！

　　一天晚上，我从梦中痛醒过来，再也忍不住，哭出声来。斯格特被惊醒了。"我动不了了。"我说。我试着坐起来，但是，我的手臂却是如此地软弱无力，整个身体显得如此僵硬。"好吧，别自欺欺人了，"斯格特说，"去看医生吧。"我不知道该怎么办。因为我一向很健康，甚至没有自己固定的医生。

　　第二天，我向一位医生朋友讲了我的症状。"谢尔比，这些症状听起来像是风湿性关节炎。"他介绍我去看一位风湿病专家。

　　检查之后，风湿病专家确诊了我的病。

　　我想把这一切都扔到脑后，想和以前一样健康。"我怎么才能恢复健康啊？"

　　"这病是可以控制的。"

　　"可是，我怎么才能像以前一样？"

　　医生同情地望着我："目前还没有找到根治的方法。新药还在研究之中，类固醇类药物可以帮助你控制病情。"

　　他还有更坏的消息，他建议我们不要孩子。"你将来可能需要一部轮椅。"他说，"可能在十年之内吧。"

　　我简直无法接受这一事实。我对未来生活的计划呢？我的梦想呢？现在，我还有什么？所有我能看到的自己的未来形象，将是一个瘸腿的老太婆。

医生建议我在家休息，我开始了类固醇类药物的治疗。一个多月之后，我感觉好了一些可以正常行走了。但是，疼痛还在。尽管斯格特尽最大努力鼓励我，可我觉得，我的将来还是漆黑一团，我不知道会怎么样。

"你愿意参加在卡伊海滩举办的康复项目吗？"一天下午，医生问我，"在那里培训一周，可以帮你对付这个病，而且还有奖学金，奖给像你这样的年轻人的！"

塔克逊地区独特的矿泉治疗地是出了名的。斯格特认为那是一个不错的主意。几周后，他把我送到了卡伊海滩。我祈祷着，老天爷，让我在这里摆脱焦虑，找到些许内心的平静吧！这里的居住条件很好，有医生随时可以咨询，还有一对一的训练老师、治疗小组。谁将和我在一个治疗小组？病员都是风湿病患者，只是症状不同而已。可是，我能和谁交谈，又能交谈些什么呢？

开学典礼上，我漫不经心地嚼着零食。他们中的大多数年纪都比我大。然后，我听见一阵笑声传过来。定睛一看，见坐在桌旁的一位女士正嘻嘻哈哈，笑得像个中学生。她大约和我年纪相仿，也是金发碧眼——不过，我俩仅仅这一点相同。她显然已经是个残疾人，脖子僵直，不能转动，要看旁边的人，只能连肩膀一起转。可能那就是十年后的我！她怎么还能笑得出来！

我产生了一种想接近她的冲动。我走上前去，作了自我介绍。她用明亮的、美丽的蓝眼睛望着我，向我伸出手来，"我叫琳达。"她说。她弯曲的手指不能握起来，我们只好相互击掌，"我知道你的名字，我也获得了奖学金。我们是室友呢。"

大家都拿到了本周日程之后，我和琳达一起回到寝室。一路上，她的手抓住扶栏，慢慢地扶行着。但是，她的眼睛依然明亮，仿佛行走的艰难一点也没有干扰她的好心情。她怎么能做到这样呢？

我们收拾床铺准备睡觉。"我每天晚上都要梳梳头，一天也不落下。"琳达说。她有着瀑布般的金发。但是她的手臂不能举起来,她把梳子安在一个金属的工具上帮助她梳头。然后,她拿出无指手套样的东西戴上。"护套,"她解释说,"我睡着了的时候,它们会帮助我的手腕伸直。"每一件事对我来说都像是折磨,但是琳达带着一份优雅和尊严做着。

我们很快就成了好朋友,在一起吃饭,在一起修剪指甲和脚趾甲,一起参加按摩。晚上熄灯之后,我们躺在各自的床上,聊到很晚。黑暗中,容易把琳达想象成一个正常的年轻女人。她对自己的病一点不觉得抑郁。实际上,听她讲起自己的生活,还让人羡慕不已。

"我和父母生活在一起,"有一次她说,"我被他们惯坏了呢!"

我则告诉她我的生活、丈夫和工作以及我们想养育孩子的计划等等,那些我过去认为理所当然的事,那些再也实现不了的希望。

一周结束的时候,我已经不再把琳达看成是残疾人。她的精神是健康的,充满着活力。她很愉快、很满足。我们在卡伊海滩的最后一个早上,我问了琳达一个初次见面时就想问的问题:"你这么快乐,你的秘诀是什么?"

"没有什么秘诀,"她说,"每天都是新的。不管我的身体感觉怎样,每一天都是生活给予我的特殊恩赐,我要好好珍惜,我就这样做了。"

"听你说起来很简单。"我说。

"现在我说起来是很简单,"琳达说,"但是,这也是我花时间才学会的。"

时间。我还有时间。我完全没有必要对未来怀有太多的焦虑。抓紧过好眼前的每一天就足够了。来这里之前,我曾祈祷能在这里找到内心的平静,是的,我找到了,琳达帮助了我。

四个月之后,我的病情得到了有效的控制,我重返了工作岗位。除去两年前,我请了产假在家照顾孩子外,其余时间我一直在工作。我们的小女儿很漂亮,她曾是我未来的梦想,是我生病期间认为再也不可能出现的未来。

是的，每一天都是生活的恩赐，值得好好珍惜，就是这么简单。

生命感悟：

每一个人都应该活在当下，而不是活在未来，所以我们只需要过好眼前的每一天，不必去担心明天会怎样。那些在你看来将会发生的可怕事情，很可能会因为你今天的积极生活而变得美好起来。人生就是这样，今天的生活态度决定了明天的生活质量。

最自豪的母亲

○乔安娜·罗杰

　　26 岁那年，我生下了儿子乔治。他刚出生时一头黑发，一双大大的蓝眼睛，还有我所见过的最长的睫毛。9 个月的时候，乔治就开始说话；10 个月的时候，他已经能够走路；两岁的时候，这孩子已然学会了滑雪。

　　乔治 8 岁的一天，当他起床后，发现自己的一只脚突然不会弯曲了，只能用脚后跟走路。腿部畸形的症状很快从一只脚传到了另一只脚。在无数次会诊后，医生得出结论，乔治有扭转性肌张力障碍，这种病与大脑性麻痹相类似。医生说，他可以继续活着，可是，在不断的疼痛和抽筋过程中，即便他的肌肉不完全失控，他也会失去行走能力。

　　从此，当我们一起走在街上时，人们要么目不转睛地盯着乔治看，要么很快看上一眼这孩子，接着向我投来怜悯的目光。很多时候，我都不敢看这孩子，他的身体被扭曲得实在太厉害了，看起来有些狰狞。有时，我甚至会气急败坏地向他尖叫，让他学习直着走路。无论我脾气如何暴躁，他却总是微笑着对我说："妈妈，我正在努力。"

　　有一天，当我看到乔治试图将自己扭曲的双脚放进他心爱的溜冰鞋里时，我的心都碎了。我把它们放到鞋柜里，说："孩子，等你病好了我再和你一起去溜冰。"

　　每天晚上，当我坐在乔治床边为他读故事的时候，他都会问同样的一个问题："妈妈，如果我们很努力地去祈祷，你认为，我在醒来的时候还可以重新走路吗？"

　　"不，我不这么认为。"我不想欺骗孩子，说出了心里话，"不过，我觉得我们应该坚持每天都祈祷。"

　　"可是，妈妈，小朋友们都叫我跛子，他们都不跟我玩儿，我没有一个朋友。"听到这里，我心如刀绞。

　　几年后，渐渐地，乔治对自己的疾病习惯了。他很少抱怨，这让我多少有些释然。和他上街，我再也不会感到尴尬。

我接受了这个现实，孩子长大后和别人会不一样，可是他会比其他人拥有更多的坚韧，更多的勇气，更大的志向。

　　乔治十几岁的时候，药物治疗终于取得了效果，他的手和嘴巴都可以正常动弹了，可是他的脚仍然不能够随心所欲地运动，还需要拐杖帮忙。不过，他从来没有停止过滑雪。滑雪杖就成了他的拐杖。他从雪山上飞驰而下，就像在空中翱翔。

　　乔治以他卓越的表现入选英国残疾人奥林匹克滑雪队。我想，尽管他不能走路，可是，他会滑雪。

　　乔治 18 岁的时候，有一天，他的一只脚可以正常行走了。他立刻扔掉了一个拐杖。之后的第二个月，他又扔掉了另一个拐杖。尽管他走路的姿势还是一瘸一拐的，但他不再需要拐杖或者轮椅的帮助了。乔治有空就会回来看我，我在门口远远地看着他，一个高大帅气的男孩向我走来。

　　"嗨，妈妈，"他常常笑着说，"想出去跳舞吗?"

　　最近，我高中的同学们举行了一次校友联谊会。在会上，我的同学都在讲述自己孩子的成就：

　　"我儿子是个音乐家。"

　　"我女儿现在是医生。"

　　到我发言时，我自豪地告诉所有人："我儿子非常优秀，因为他现在可以像正常人一样走路!"

　　生命感悟：

　　母亲对孩子永远是无所求的，他有着怎样的职业，对她丝毫也不重要，只要他能自信、勇敢地面对一切，能健健康康，和正常人一样走路和生活。

　　也许在别人看来，乔治不够完美，但在母亲的眼中，他却是最棒的。因为，坚忍不拔的品格比光鲜的外表、优越的社会地位更能令母亲引以为豪。

5 价值

名家的生命彩虹

在人类历史上，这是为数不多的一群人，但也是值得关注、值得崇拜、值得追随的一批人。他们所留下的一份份宝贵的文化遗产和精神财富，既没有时空界限，也没有地域之分，像星斗辉煌于当时，也像阳光灿烂于今天。

他们热爱生命，一生坚持真理，历尽坎坷而矢志不渝。他们一生奋斗的业绩本身就是一部最好的人生教科书。

他们影响着我们的生活，他们所留下的杰作已成为全人类共同的宝贵财富，供我们一代一代分享下去。每一位都是一座丰碑，是精神的引领者和行为的楷模。

我们的生命旅程行色匆匆，为了事业、生活忙碌奔波，几乎没有闲暇静下心来解读他们给予的忠告和教诲。阅读他们对生命的诠释，可以使我们变得深沉而非浮躁、清醒而非昏聩、深刻而非肤浅，可以使我们的人格得到提升，生命得到重塑。

这里有一种强大的精神力量，甘当我们生命中的风向路标。站在他们的肩上，我们能够看得更远；沿着他们开拓的道路，我们能够前进得更快。

他们所给予我们的，不仅仅是一种茶余饭后的谈资，还会是一个会心的微笑，一段生命的感悟，一次睿智的心灵交流，一种往事并不如烟的历史回顾。

疯子的遗嘱

○查理·龙伯瑞

我的最后愿望及遗言：

鄙人，查理·龙伯瑞在神志清楚、记忆健全的情况下立此遗嘱，以求尽量公平地将鄙人在世上的权益平分给后人。

财产，就法律与世俗的观点而言，在下所拥有的实在是微不足道，我亦无意在此遗嘱内处置它。我生存之权，一生之寿命，也非鄙人所能置喙。除此之外的，我将分配所有其他的权益。

将所有的赞语及鼓励，宠物的昵称及宠爱，赐给儿童们，交由其仁慈的父母托管。我要求这些父母们在子女表现良好的时候，适当而毫不吝啬地使用它。

我将每一棵田野里的花朵，丛林中的异草，留给幼年时代的孩子，让他们有自由戏耍追逐的权利，并提醒他们小心林中的荆棘。我将溪流的岩岸，金黄的沉沙，杨柳的气息及树端的浮云，赐给纯真的儿童。我将长远而美好的日子，仲夏夜空的星河，留给幼儿们去幻想与沉醉；但情侣们有权利分享。

我将所有易于球赛的旷地，适于戏水的河川，合于溜滑的土丘，利于垂钓的河塘及易于滑冰的冬野赋予童年时代的男孩。我将每一片花朵开放、蝴蝶纷飞的原野，茂盛的森林及其周遭松鼠、飞鸟、回声及天籁，足迹能至的远方及一切能经历的探险，给予活力充沛的孩子们，晚餐后我替每一个孩子留一个壁炉边的位置，及所有他随心所欲由炉火中见的景象。

对于爱侣们，我赠一个应有尽有的幻想世界，天际的星辰，墙边的玫瑰，齐放的山茶，流水的乐章，以及了解对方恒心、内在美德所需的智慧。

对于青年们，我给予所有喧闹而激励的体育竞争，并赐予对懦弱的轻视，大无畏的自信。虽然他们冲动直率，我仍然给予交友永恒的能力，唯有对青年们，我留下每一首欢乐的曲调，雄壮的音符，供他们洪亮的歌喉欢唱。

对于非儿童、青年，亦非情侣的朋友们，我留下甜蜜的回忆，世上优美的诗集，在淡泊名利、完美无缺下重度美好的往日。

对于我所敬爱的两鬓皆白的朋友们，我给予晚年的幸福，儿孙的敬爱及孝顺，直到安详入睡为止。

生命感悟：

这份遗嘱字迹清晰而工整地写在几张废纸上，留在他的衣袋中。他生前曾为律师，由于遗言内容颇不寻常，引起了芝加哥律师工会的注意，经宣读后，全体会员通过提议，由法院公证生效。此遗嘱目前存档于伊利诺州库克郡。

无论如何，他对我们每一个人，都留下了些财产，让我们好好享用吧！

奥巴马给女儿的一封信

○贝拉克·奥巴马

亲爱的马莉亚和莎夏：

我知道，这两年来，你们随我一路竞选都有过不少乐子，野餐、游行、逛州博览会，吃了各种或许我和妈妈不该让你们吃的垃圾食物。然而，我也知道，你们和妈妈的日子，有时候并不惬意。新来的小狗虽然令你们兴奋，却无法弥补我们不在一起的所有时光。我明白这两年我错过的太多了，今天我要再向你们说说为何我决定带领我们一家走上这趟旅程。

当我还年轻的时候，我认为生活就该绕着我转：我如何在这世上得心应手，成功立业，得到我想要的。后来，你们进入了我的世界，带来的种种好奇、淘气和微笑，总能填充我的心，照亮我的日子。突然之间，我为自己谱写的伟大计划显得不再那么重要了。我很快便发现，我在你们生命中看到的快乐，就是我自己生命中最大的快乐。而我也同时体认到，如果我不能确保你们此生能够拥有追求幸福和自我实现的一切机会，我自己的生命也没多大价值。总而言之，我的女儿，这就是我竞选总统的原因：我要让你们和这个国家的每一个，都能拥有我想要给他们的东西。

我要让所有儿童都在能够发掘他们潜能的学校就读；这些学校要能挑战他们，激励他们，并灌输他们对身处的这个世界的好奇心。我要他们有机会上大学，哪怕他们的父母并不富有。而且我要他们能找到好的任务：薪酬高还附带健康保险的任务，让他们有时间陪孩子，并且能带着尊严退休的任务。

我要大家向发现的极限挑战，让你们在有生之年能够看见优化我们生活并且使这个行星更干净、更安全的新科技和发明。我也要大家向自己的人际界限挑战，跨越使我们看不到对方长处的种族、地域、性别和宗教樊篱。

有时候，为了保护我们的国家，我们不得不把青年男女派到战场或其他危险的地方，然而，当我们这么做的时候，我要

113

确保师出有名，我们尽了全力以和平方式化解与他人的争执，也想尽了一切办法保障男女官兵的安全。我要每个孩子都明白，这些勇敢的美国人在战场上捍卫的福祉是无法平白得到的：在享有作为这个国家公民的伟大特权之际，重责大任也随之而来。这正是我在你们这年纪时，你们的奶奶想要教我的功课，她把《独立宣言》开头几行念给我听，告诉我有一些男女为了争取平等挺身而出游行抗议，因为他们认为两个世纪前白纸黑字写下来的这些句子，不应只是空话。

她让我了解到，美国所以伟大，不是因为它完美，而是因为我们可以不断让它变得更好，而让它更好的未竟任务，就落在我们每个人的身上。这是我们交给孩子们的责任，每过一代，美国就更接近我们的理想。

我希望你们都愿接下这个任务，看到不对的事要想办法改正，努力帮助别人获得你们有过的机会。这并非只因国家给了我们一家这么多，而是因为你们对自己负有义务。因为，唯有在把你的马车套在更大的东西上时，你才会明白自己真正的潜能有多大。

这些是我想要让你们得到的东西：在一个梦想不受限制、无事不能成就的世界中长大，长成具慈悲心、坚持理想，能帮忙打造这样一个世界的女性。我要每个孩子都有和你们一样的机会，去学习、梦想、成长、发展。这就是我带领我们一家展开这趟大冒险的原因。

我深以你们为荣，你们从不会明白我有多爱你们，在我们准备一同在白宫开端新生活之际，我没有一天不为你们的忍耐、沉稳、明理和幽默而心存感激。

爱你们的老爹

生命感悟：

这封公开信，字里行间流露出奥巴马对女儿浓浓的父爱，他为女儿感到骄傲，并感谢她们为自己带来的快乐。他对未来充满期待，对生命充满期待。

残杀光明

○于格·德·蒙达朗拜尔

坠入黑暗

来纽约已有两年，可最近两周，我的情绪有些低落。

1978年5月25日晚上，窗外的绵绵细雨让人心闷气堵，我决定到华盛顿广场公园透口气。只是，我怎么也没料到，自己的命运也将随之改变。

散步归来，正当我将钥匙插入锁眼准备开门时，两只大手抓住了我的肩膀，凶狠地把我摔进屋内。一高一矮两名歹徒恶狠狠地向我索要钱财，用刀尖抵着我的喉咙，对着我的头和肋骨大打出手。我害怕极了！我知道，如果不予以抵抗，我会被他们打死！

在歹徒的目光从我身上挪开的瞬间，我一个箭步冲到壁炉旁，伸手抓过通火钩，使出全身的力气照着歹徒猛击。房间内顿时一片混乱，家具纷纷倒地，我的"武器"很快被击落，我只得匆忙跳到楼梯上。

当我登上最高一层，见到那个弱不禁风的小个子站在那儿，我开始兴奋起来：他看起来是那么不堪一击，只要瞄准了，我很快便能将他干掉。于是，我们互相凝视着，谁也不敢轻易挪动，我的眼睛紧紧盯住他。可就在此时此刻，我的脸部被泼了一片热流。

起初，我以为那不过是一杯热咖啡，可很快，我的眼睛被灼烧得睁不开，我察觉出眼睛上的东西黏黏的。我害怕极了，用手拼命揉擦着眼睛。

我猛然间意识到，在我脸上流淌的极有可能是硫酸。体内的兽性就在那一刻猛烈地发作了，我发出一声惊天怒吼，声音之大，就连歹徒也被震住了。我听见他们连滚带爬地冲向楼下，逃之夭夭。

我给朋友打电话求助，他叫来了警察，并将我送到医院。

我被固定在一个铁架子床上，护士们为我冲洗眼睛和周身的皮肤。水冷极了，硫酸却像火一样发烫。我痛得发抖，抑制不住地大声呼叫，整个急诊室充满了焦躁不安的情绪。

我的视力在一点点减弱，就好像被困在养鱼缸里一样，只能看见周围的大致轮廓。但我是画家啊！家里甚至还有着一幅未完成的作品，画上，一个黑人男子牵着一匹马。由于灵感一直无法呈现，至今，画布上的男子和马的眼睛处还是一片空白。天哪，是命运的暗示吗，这个想法让人不寒而栗。我在诊室的床上躺了整整一夜。

拒绝贬值

清晨到来，我却什么也看不见了。"你的眼组织正在损坏，可能要切除左眼球。"这是我从医生口中得到的第一个"解决方案"。虽然最终我的眼球被保住了，但我很清楚自己今后的生命将与黑暗为伍。尽管如此，我仍然热爱它，我拒绝被贬值！

于是，在出院后的第一时间，我迫不及待地拨通了"灯塔"再教育训练中心的电话。

我必须在没有家人帮助的情况下，重新学习生活能力，独立行走便是其中最重要的课程。我开始学着在迈出右脚时，用探出的手杖触及前方，迈出左脚时，手杖向右画弧线。即便有了手杖的帮忙，走路，这曾经在幼儿时就已掌握的"本领"却险些要了我的命。

那天，从走廊进入卧室的时候，由于转弯太快，我的头猛地撞到了门框上，眉弓骨上被撞出一道裂缝。这让我焦躁起来：若以后有利物捅进我的眼眶，甚至有可能通过这条裂缝直插大脑。裂开的眉弓骨成了我身体上最脆弱的部位。我请人特制了一副钢片眼镜，以防不测。它不但能反射城市的光亮及众人的目光，掩盖我的伤痕和内心的恐惧，同时也为我切断了他人的怜悯。

在怜悯之外，我也会时不时地给周围的人带来一些"新奇的体验"。

有一次，在训练课结束后，我发现自己将录音机忘在了老师的办公桌上，便急忙回到办公室。我的一只手伸向前方摸索着，以确认办公桌的位置。就在这个当口，另一位女教员正好走过来，俯身与老师说起了悄悄话。当然，我当时对这一切一无所知，伸向前面的手直截了当地触摸到她的屁股上面。我本应当尽快抽回手，向她表示歉意。然而，我仍在黑暗中继续地摸索着，幸好我及时悟出来"这不是我的录音机"。

在不断的挫折与"惊奇"中，训练成果也是显著的。当一些盲人因为惧怕世界而满足于在"灯塔"内安营扎寨时，我的行走技能逐渐娴熟。就在我以为距离成功一步之遥的时候，一位朋友带来一样东西，让我倾听。

在与我头部相等的高度，开始响起一种奇怪的咕嘟咕嘟声。

是水声！海螺中的水声！

耳边既贴近又遥远的海的声音，让我突然意识到，自己内心依然渴望探险。如果因为失明而从此与钟爱的大海告别，我的生活将不再完整。

重回巴厘岛

我要重新开始探险，第一个目的地就是无数次出现在梦中的巴厘岛。

可是，在新加坡转机时，海关官员突然很礼貌地拦住了我："先生，我们不能让你过境，按规定不允许一个盲人独自旅行。"

我强迫自己保持冷静，停顿了一会儿，转过头问身后一位旅客："您也是去巴厘岛吗？""是的。""那您愿意和我一起旅行吗？""没问题。"我转过身，脸上重新浮现出笑容："您看，我现在不是一个人旅行，我有伴了。"失明后的第一次旅行就在这样的小插曲中拉开了序幕。几天后的一个清晨，岛上风向显示，这是渔民拉大网的好时机。我和渔民迦延也迫不及待地

117

把一条木船推下水，船的上边，有两个侧面平衡杠和一条短帆。很快，小木船驶离了避风港，立刻就被卷入了疾风大浪之中。我感觉到船儿随着海浪跌宕起伏，我们随着小船一道，被巨浪掀到好几米高的空中。风儿声嘶力竭地灌入耳中，竹子平衡杠和桅杆不断地发出吱吱嘎嘎的声音。在风的怂恿下，海浪开始拍打我的脸，然后猛烈地灌进船中。尽管什么也看不见，我还是接过迦延递来的工具快速地往外舀水。我舀得无比开心——因为，我找到了"用武之地"。

浪涛越来越凶猛，耳边充斥着轰隆轰隆的声响。海水和风向相斥，一个在船下，一个在帆上。小船嘎吱作响，我觉得脚下的船板都扭曲了。一个疏忽，耳边的听话机不知被大风卷到了哪里。"听话机，在哪儿？"我扯开嗓子大喊。

"在那儿……在那儿！"

迦延的喊声在我的头上响起。很可能他在用手指向话机，可我看不见。风浪之中，他显然已经忘记了我是一个盲人。

最后，我鬼使神差地顺着一根横杆抓住了听话机。迦延的嗓音重新清晰地出现在我耳边。我拿起木桨，使出浑身的力气和风浪对抗。

不知过了多久，我们终于到达了海岸。这时候，我听见其他的渔民在远处冲我们喊道："大傻子！大傻子……"当他们看到迦延的副手是我这个盲人时，哈哈大笑。

那天以后，每当我一人独处的时候，总能清晰地听到血管和心底深处的血液在飞溅，在升腾！这笑声替代了曾经对生活的惧怕。

那天以后，探险真正地重新回到我的生活。

我开始在雪橇狗的陪伴下，在格陵兰的冰川上飞驰！在朋友们的帮助下，依靠着一枚戴在头上的定位仪独自掌舵出海；开始骑上久违的骏马，呼吸草原清新的空气；我甚至到了遥远的中国，伸出手指感受神秘而悠久的文化……

在无数次跌倒、受伤后，我终于爬到山顶，"看"到了绝世的风光。

生命感悟：

　　敬畏生命，感激生活。对光明和希望的无限憧憬让失明后坠入黑暗的于格有了生存下去的意志和勇气，终于凭借超越常人的努力使自己获得了重生。他的眼睛虽然看不到光，但心灵却能更加真切地感受到光。风雨过后，希望犹在，还有什么困难不能战胜！

我生命中的三个故事

○史蒂夫·乔布斯

第一个故事，是关于串起生命中的点点滴滴。

我在里德大学呆了六个月就退学了，但之后仍作为旁听生混了十八个月后才最终离开。我为什么要退学呢？

故事要从我出生之前开始说起。我的生母是一名年轻的未婚妈妈，当时她还是一所大学的在读研究生，于是决定把我送给其他人收养。她坚持我应该被一对念过大学的夫妇收养，所以在我出生的时候，她已经为我被一个律师和他的太太收养做好了所有的准备。但在最后一刻，这对夫妇改了主意，决定收养一个女孩。候选名单上的另外一对夫妇，也就是我的养父母，在一天午夜接到了一通电话："有一个不请自来的男婴，你们想收养吗？"他们回答："当然想。"事后，我的生母才发现我的养母根本就没有从大学毕业，而我的养父甚至连高中都没有毕业，所以她拒绝签署最后的收养文件，直到几个月后，我的养父母保证会把我送到大学，她的态度才有所转变。

十七年之后，我真上了大学。但因为年幼无知，我选择了一所和斯坦福一样昂贵的大学，我的父母都是工人阶级，他们倾其所有资助我的学业。在六个月之后，我发现自己完全不知道这样念下去究竟有什么用。当时，我的人生漫无目标，也不知道大学对我能起到什么帮助，为了念书，还花光了父母毕生的积蓄，所以我决定退学。我相信车到山前必有路。当时作这个决定的时候非常害怕，但现在回头去看，这是我这一生所作出的最正确的决定之一。从我退学那一刻起，我就再也不用去上那些我毫无兴趣的必修课了，我开始旁听那些看来比较有意思的科目。

这件事情做起来一点都不浪漫。因为没有自己的宿舍，我只能睡在朋友房间的地板上；可乐瓶的押金是五分钱，我把瓶子还回去好用押金买吃的；在每个周日的晚上，我都会步行七英里穿越市区，到 HareKrishna 教堂吃一顿大餐，我喜欢那儿的食物。我跟随好奇心和直觉所做的事情，事后证明大多数都是极其珍贵的经验。

我举一个例子：那个时候，里德大学提供了全美国最好的书法教育。整个校园的每一张海报、每一个抽屉上的标签，都是漂亮的手写体。由于已经退学，不用再去上那些常规的课程，于是我选择了一个书法班，想学学怎么写出一手漂亮字。在这个班上，我学习了各种衬线和无衬线字体，如何改变不同字体组合之间的字间距，以及如何做出漂亮的版式。那是一种科学永远无法捕捉的充满美感、历史感和艺术感的微妙，我发现这太有意思了。

当时，我压根儿没想到这些知识会在我的生命中有什么实际运用价值；但是十年之后，当我们设计第一款 Macintosh 电脑的时候，这些东西全派上了用场。

……

再强调一次，你不可能充满预见地将生命的点滴串联起来；只有在你回头看的时候，你才会发现这些点点滴滴之间的联系。所以，你要坚信，你现在所经历的将在你未来的生命中串联起来。你不得不相信某些东西，你的直觉、命运、生活、因缘际会……正是这种信仰让我不会失去希望，它让我的人生变得与众不同。

我的第二个故事是关于爱与失去。

我是幸运的，在年轻的时候就知道了自己爱做什么。我在20岁的时候，就和沃兹在我父母的车库里开创了苹果电脑公司。我们勤奋工作，只用了十年的时间，苹果电脑公司就从车库里的两个小伙子扩展成拥有四千名员工，价值达到二十亿美元的企业。而在此之前的一年，我们刚推出了我们最好的产品 Macintosh 电脑，当时我刚过而立之年。然后，我就被炒了鱿鱼。一个人怎么可以被他所创立的公司解雇呢？这么说吧，随着苹果公司的成长，我们请了一个原本以为很能干的家伙和我一起管理这家公司，在头一年左右，他干得还不错，但后来，我们对公司未来的前景出现了分歧，于是我们之间出现了矛盾。由于公司的董事会站在他那一边，所以我在30岁的时候，就被踢出了局。我失去了一直贯穿在我整个成年生活的重心，打击是毁灭性的。

在头几个月，我真不知道要做些什么。我觉得我让企业界的前辈们失望了，我失去了传到我手上的指挥棒。我遇到了戴维·帕卡德（惠普的创办人之一）和鲍勃·诺伊斯（英特尔的创办人之一），我向他们道歉，因为我把事情搞砸了。我成了人人皆知的失败者，我甚至想过逃离硅谷。但曙光渐渐出现，我还是喜欢我做过的事情。在苹果电脑公司发生的一切丝毫没有改变我，一个比特（bit）都没有。虽然被抛弃了，但我的热忱不改。我决定重新开始。

我当时没有看出来，但事实证明，我被苹果公司开掉是我这一生所经历过的最棒的事情。成功的沉重被凤凰涅槃的轻盈所代替，每件事情都不再那么确定，我以自由之躯进入了我整个生命当中最有创意的时期。

在接下来的五年里，我开创了一家叫做 NeXT 的公司，接着是一家名叫 Pixar 的公司，并且结识了后来成为我妻子的曼妙女郎。Pixar 制作了世界上第一部全电脑动画电影《玩具总动员》，现在这家公司是世界上最成功的动画制作公司之一。

后来经历一系列的事件，苹果买下了 NeXT，于是我又回到了苹果，我们在 NeXT 研发出的技术是推动苹果复兴的核心动力。我和劳伦斯也拥有了美满的家庭。

我非常肯定，如果没有被苹果炒掉，这一切都不可能在我身上发生。对于病人来说，良药总是苦口。生活有时候就像一块板砖拍向你的脑袋，但不要丧失信心。热爱我所从事的工作，是一直支持我不断前进的唯一理由。……在你终有所获之前，不要停下你寻觅的脚步。不要停下。

我的第三个故事是关于死亡。

大约一年前，我被诊断出癌症。在早晨 7：30 我做了一个检查，扫描结果清楚地显示我的胰脏出现了一个肿瘤。我当时甚至不知道胰脏究竟是什么。医生告诉我，几乎可以确定这是一种不治之症，顶多还能活三至六个月。大夫建议我回家，把诸事安排妥当，这是医生对临终病人的标准用语。这意味着你得把你今后十年要对你的子女说的话用几个月的时间说完；这意味着你得把一切都安排妥当，尽可能减少你的家人在你身后的负担；这意味着向众人告别的时间到了。

我整天都想着诊断结果。那天晚上做了一个切片检查，医生把一个内诊镜从我的喉管伸进去，穿过我的胃进入肠道，将探针伸进胰脏，从肿瘤上取出了几个细胞。我打了镇静剂，但我的太太当时在场，她后来告诉我说，当大夫们从显微镜下观察了细胞组织之后，都哭了起来，因为那是一种非常罕见的，可以通过手术治疗的胰脏癌。我接受了手术，现在已经康复了。

这是我最接近死亡的一次，我希望在随后的几十年里，都不要有比这一次更接近死亡的经历。在经历了这次与死神擦肩而过的经验之后，死亡对我来说只是一项有效的判断工具，并且和只是一个纯粹的理性概念时相比，我能够更肯定地告诉你们以下事实：没人想死；即使想去天堂的人，也是希望能活着进去。

死亡是我们每个人的人生终点站，没人能够成为例外。生命就是如此，因为死亡很可能是生命最好的造物，它是生命更迭的媒介，送走耄耋老者，给新生代让路。现在你们还是新生代，但不久的将来你们也将逐渐老去，被送出人生的舞台。很抱歉说得这么富有戏剧性，但生命就是如此。

你们的时间有限，所以不要把时间浪费在别人的生活里。不要被条条框框束缚，否则你就生活在他人思考的结果里。不要让他人的观点所发出的噪音淹没你内心的声音。最为重要的是，要有遵从你的内心和直觉的勇气，它们可能已知道你其实想成为一个什么样的人。其他事物都是次要的。

生命感悟：

史蒂夫·乔布斯几经起伏，但依然屹立不倒。他总是给人以不断的惊喜，无论是开始还是后来，他已成为一个奇迹，而这个奇迹还将继续进行下去。

洛克菲勒留给儿子的信

○约翰·洛克菲勒

亲爱的约翰：

有一则寓言很有意味，也让我感触良多。那则寓言说：在古老的欧洲，有一个人在他死的时候，发现自己来到一个美妙而又能享受一切的地方。他刚踏进那片乐土，就有个看似侍者模样的人走过来问他："先生，您有什么需要吗？在这里您可以拥有一切您想要的：所有的美味佳肴，所有可能的娱乐以及各式各样的消遣，其中不乏妙龄美女，都可以让您尽情享用。"

这个人听了以后，感到有些惊奇，但非常高兴，他暗自窃喜：这不正是我在人世间的梦想嘛！

他整天都在品尝所有的佳肴美食，同时尽享美色的滋味。然而，有一天，他却对这一切感到索然乏味了，于是他就对侍者说："我对这一切感到很厌烦，我需要做一些事情。你可以给我找一份工作做吗？"

他没想到，他所得到的回答却是摇头："很抱歉，我的先生，这是我们这里唯一不能为您做的，这里没有工作可以给您。"

这个人非常沮丧，愤怒地挥动着手说："这真是太糟糕了！那我干脆就留在地狱好了！"

"您以为，您在什么地方呢？"那位侍者温和地说。

约翰，这则很富幽默感的寓言，似乎告诉我：失去工作就等于失去快乐。但是令人遗憾的是，有些人却要在失业之后，才能体会到这一点。这真不幸！

我可以很自豪地说，我从未尝过失业的滋味。这并非我运气好，而在于我从不把工作视为毫无乐趣的苦役，却能从工作中找到无限的快乐。

我认为，工作是一项特权，工作使年轻人奋发有为，工作是增添生命味道的食盐。但人们必须先爱它，工作才能给予最大的恩惠，获致最大的结果。

但有些人显然不够聪明，他们有野心，却对工作过分挑剔，一直在寻找"完美的"雇主或工作。事实是，雇主需要准时工作、诚实而努力的雇员，他只将加薪与升迁的机会留给那些格外努力、格外忠心、格外热心、花更多的时间做事的雇员，因为他在经营生意，而不是在做慈善事业，他需要的是那些更有价值的人。

　　我永远也忘不了做我第一份工作——簿记员的经历，那时我虽然每天天刚蒙蒙亮就得去上班，而办公室里点着的鲸油灯又很昏暗，但那份工作从未让我感到枯燥乏味，反而很令我着迷和喜悦，连办公室里的一切繁文缛节都不能让我对它失去热心。而结果是雇主总在不断地为我加薪。

　　收入只是你工作的副产品，做好你该做的事，出色完成你该做的事，理想的薪金必然会来。而更为重要的是，我们劳苦的最高报酬，不在于我们所获得的，而在于我们会因此成为什么。那些头脑活跃的人拼命劳作绝不是只为了赚钱，使他们工作热情得以持续下去的东西要比只知敛财的欲望更为高尚——他们是在从事一项迷人的事业。

　　老实说我是一个野心家，从小我就想成为巨富。对我来说，我受雇的休伊特－塔特尔公司是一个锻炼我的能力、让我一试身手的好地方。它把我带进了妙趣横生、广阔绚烂的商业世界，让我学会了尊重数字与事实，让我看到了运输业的威力，更培养了我作为商人应具备的能力与素养。所有的这些都在我以后的经商中发挥了极大效能。

　　所以，我从未像有些人那样抱怨他的雇主，说："我们只不过是奴隶，我们被雇主压在尘土上，他们却高高在上，在他们美丽的别墅里享乐；他们的保险柜里装满了黄金，他们所拥有的每一块钱，都是压榨我们这些诚实工人得来的。"我不知道这些抱怨的人是否想过：是谁给了你就业的机会？是谁给了你建设家庭的可能？是谁让你得到了发展自己的可能？如果你已经意识到了别人对你的压榨，那你为什么不结束压榨，一走了之？

　　工作是一种态度，它决定了我们快乐与否。同样都是石匠，同样在雕塑石像，如果你问他们："你在这里做什么?"他们中的一个人可能就会说："你看到了嘛，我正在凿石头，凿完这个我就可以回家了。"这种人永远视工作为惩罚，在他嘴里最常吐出的一个字就是"累"。

另一个人可能会说："你看到了嘛，我正在做雕像。这是一份很辛苦的工作，但是酬劳很高。毕竟我有太太和四个孩子，他们需要温饱。"这种人永远视工作为负担，在他嘴里经常吐出的一句话就是"养家糊口"。

第三个人可能会放下锤子，骄傲地指着石雕说："你看到了嘛，我正在做一件艺术品。"这种人永远以工作为荣，以工作为乐，在他嘴里最常吐出的一句话是"这个工作很有意义"。

天堂与地狱都由自己建造。

约翰，如果你视工作为一种乐趣，人生就是天堂；如果你视工作为一种义务，人生就是地狱。检视一下你的工作态度，那会让我们都感觉愉快。

爱你的父亲

生命感悟：

美国早期的富豪，多半靠机遇成功，唯有约翰·洛克菲勒例外。他并非多才多艺，但异常冷静、精明，富有远见，凭借自己独有的魄力和手段，白手起家，一步一步地建立起他那庞大的石油帝国。在他漫长的一生中，人们对他毁誉参半。不管别人如何评判，洛克菲勒说："如果把我剥得一文不剩丢在沙漠的中央，只要一行驼队经过——我就可以重建整个王朝。"

微笑的魅力

○安东尼·圣艾修伯里

我想，这一次我真的是没命了。我陷入了极度的惶恐。翻遍所有的衣兜，我想找一支没被他们搜去的香烟。幸运的是，我找到了一支。可由于紧张，双手抖动得厉害，连把烟卷送进嘴里都成了问题。我的火柴也被他们给搜走了。

透过铁栏，我望着外面的看守，可他并没有注意到我在看他。

我叫了他一声："能借个火吗？"

他看了我一眼，耸耸肩，走了过来，给我把烟点着了。在他走过来给我点烟的时候，他的眼光不经意间和我的目光相遇了。这时，我冲他微微笑了一下。我不知道为什么要对他微笑。或许是出于紧张，或许是由于我们两个人离得太近了，你不想微笑都很难。不管出于什么原因，我对他笑了。就在这一刹那，这一抹微笑如同火花一般，穿越了横亘在我们两颗心之间、我们两个"人"的灵魂之间的沟壑。

我知道，他原本不想笑，可我的微笑已经穿越了铁栏，在他的嘴角引燃起了笑容。他点完火，并没马上走开，直盯着我的眼睛，脸上仍然挂着微笑。

我也一直在对他微笑着。我意识到，他也是一个人，而不仅仅是一个看守。他看我的眼神也有了新的内涵。

"你有小孩吗？"他问道。

我拿出了皮夹，手忙脚乱地翻出了我们的全家福。对他说："有。你看，你看。"

而他也掏出了他家人的照片，并开始给我讲起他对家人的期望与计划。泪水慢慢涌上了我的双眼。我告诉他，我恐怕再也见不到我的家人了，再也没有机会看着孩子长大成人。他的眼里也涌满了泪水。突然，他二话没说，打开了牢门，悄悄地把我放了出来。

出了监狱，我们悄悄地沿着后面的一条小路出了小镇。就在镇口，他把我放了。他一转身走回了镇里，不曾留下一句话。

一个微笑居然救了自己一条命。

是的，微笑是人与人之间最自然、最真挚的沟通。你我之间如果能用微笑去认识彼此，世间将不再有敌人。仇恨、嫉妒、恐惧也将永远不复存在。

生命感悟：

一个微笑竟然有如此强大的力量！再多的言语也抵不上一个发自内心的微笑。微笑，是把真心敞开给别人看，是拉近人与人心灵距离的最简明有效的方法。

怒　放

○韩松落

　　她老了，在京剧团里净演些没名字的角色。其实就是从前年轻的时候，她也没有多少出头露脸的机会，资质平常，扮相也不十分好。她自己也很清楚。即便是偶然有那么两次，选演员的人把目光从人群中扫过去，快要到她了，她还是赶紧把头低下了，万一演砸了，她担不起这个责任。二十年就这么过来了。

　　大概也是太知道水深水浅，把演戏看得太严谨了些，又把自己放得太谦卑，所以自己先就怯了。在电影电视里看到那种场面，主角突然病了或者出事了，不相干的人倒大义凛然地站了出来，说自己能行，把戏演得比名角还出彩的时候，她往往就笑出来了，嘀咕着："哪儿有那么容易？"特别是看一出老的台湾电影《刀马旦》的时候（那里面为避难混进戏班子的革命党、歌女，为遮人耳目，练习了三天半，居然也上场演戏了，还得了个满堂彩），她先是不解，然后惊讶："看这胡编乱造的！哪儿有那么容易？"然后就向儿子女儿一一说明当年她们在戏校练功是多么持久而艰苦。儿女早听厌了这一套，只是应着，耳朵的接收系统早关闭了。

　　剧团有个剧场，常常安排剧团的员工值班，春节时候，给她也排了两天。后来她就常常主动要求值班，而且越是逢年过节，没人愿意值班的时候，她越是愿意。同事们暗暗纳闷，却也只当是她在家里呆着无聊。

　　后来有人终于按捺不住，趁着她值班，到剧场去看了，她的秘密就再没保住。

　　她大约是设法配了一把服装间的钥匙，身上穿戴得整整齐齐，坐在化妆镜前面说话："……杜师傅，您看这腮是不是太红了些？是不是？是吧，这一出杜丽娘的脸上恐怕得素淡些吧……水仙今儿病了，团长叫我替她上这一出。哎，团长说时，我倒先笑了，都这么大年纪了，恐怕扮不好呢。"

随后，她自顾自上了台，灯光照着她，她脸上有着平日不常见的光彩：

"梦回莺啭，乱煞年光遍，人立小庭深院。炷尽沉烟，抛残绣线……"

"原来姹紫嫣红开遍，似这般都付于断井颓垣……"

"遍青山啼红了杜鹃……春香啊，牡丹虽好，他春归怎占得先？"

这是她一个人的舞台，她拼尽全力按照她的意愿，在她设想的春天里沉思、徘徊、凝望、苦痛、燃烧。一夜一夜，对着空空的剧场，她独自完成一场演出的所有过程：预备的时候如蓓蕾欲绽；灯光下如鲜花怒放；谢幕时，犹如繁花坠地。

他们全被震慑住了，在侧幕里，没人出声，隐约间，听得到外面庆祝元旦放焰火的声音。一股一股的瑰丽焰火，冲向深沉的夜空，犹如人生。

生命感悟：

你也许是个极普通的人，没人理解，也没有人重视，淹没人海，但每个人的生命都是独一无二的。即使你不能光鲜亮丽地把自己展现在所有人的面前，也要相信生活中总有一个舞台是属于你的，可能这个舞台没有人注目，没有鲜花喝彩，没有掌声赞叹，但无论怎样，你总可以找到一个舞台，演绎那只属于自己的生命怒放的精彩。

6 终结

看那辉煌的夜空

> ...

如果，把生命放在人生的某一小站，进口和出口，就是整个人生的象征。无论在怎样的生命季节，面对生命的出口，我们留给小站的，能否是美丽迷人的风光？

茫茫星河，无限时空，生命是如此地短暂。只此一生的我们，其实没有多少犹豫的时间，也没有多少错过的余地。面对那些逝去的生命，感叹人生苦短之余，我们总是下意识地逃避着，觉得死似乎只是别人的事，离自己应该很遥远。但是，死亡凭什么就该离我们很遥远？

在我们尽情享受生命的快乐和芬芳的时候，虽极不情愿，但却必然要面对一个事实——生命的离去。

人只能活一次，从生命的起点到终点，每一条人生之路都各不相同，但也同样都是单行线，都是不得不走的陌生的征途，都将通往一个未知的终点。所有的事情都不会有经验，所有的经历都是独一无二的，不可逆转，不能改变。这不是一种消极的心态，死亡是一个怎么抹也抹不掉的话题。

但不要惧怕死亡，死亡很沉重，但必须面对它。静静用心去感受，用灵魂去读懂别人的故事，也许会更加释然，更加坚韧。

加油！

作家刘墉曾不无动情地说："人就这一辈子，你可以积极地把握它，也可以淡然地面对它。看不开时，想想它，以求释然吧；精神颓废时，想想它，以求振作吧；愤怒时，想想它，以求平息吧；不满时，想想它，以求感恩吧。因为不管怎么样，你总是幸运地拥有这一辈子，你总不能白来这一遭啊！"

也许，在某个午后，会对生命突然间变得勇敢和珍视起来。

珍惜生命，把每一天过得都像最后一天。

只剩下一句话：活在当下。

当空难发生时

○管小敏

我正在飞机尾部的盥洗室。突然感到猛烈的摇晃。我被甩到了门上，脑子里闪出一个念头：死神来临了！

我拼命打开门冲出来。乘务员已经系好安全带，招手示意我坐下。

"我想我们遭到雷击了。"邻座的女孩说。她来自德克萨斯东部的小镇，这是她有生以来第二次乘飞机。

她旁边是一位年轻的商人。登机后一直专心工作。此时。他的脸上写满恐慌。笔记本电脑被慌乱地搁到一旁。"一定出了问题！"他不停唠叨。

扩音器中传来驾驶员的声音，惊慌中隐约听到"第二发动机……紧急降落……"接着传来乘务员的声音，提醒我们遇到紧急情况的操作程序。

飞机在雷雨云中穿梭翻转躲避闪电。我简直要晕过去了，但当瞥到临座女孩的脸时。不知怎的一下子来了精神。我费力够过去抓着她的手，一遍一遍安慰她："我们会渡过难关的。回到家时，这个故事够你对别人炫耀的！"

这时，我的另一只手被一只带着戒指的手紧紧攥住了，是过道那边一位迷人的年轻女士，她一定是看到我的慌乱和恐惧。

她轻声说："现在这点问题真的不严重。"

我好喜欢她不紧不慢的南方口音，她身上散发出的香水味，还有她充满热情紧紧攥着我的手的感觉。"你还好吗？"她不停地问我。

那折磨人的二十分钟里，自始至终没有一个人惊慌失措，没有一个人大喊大叫。我能听到四处传来的轻柔的相互宽慰的话语。

结局是完满的，我们平安地降落了。

外面的停机坪上，乘务员和官员等候在那里准备安排我们转机。同患难的乘客们相拥在一起，感恩地谈论着我们的重生。那位年轻的商人哀叹着没能为两个小女儿买礼物。一位女士马上拿出一盒巧克力，"把它给你的女儿吧。"那位给了我慰藉的迷人女士正把自己的手机递给每一位想给心爱的人报平安的乘客。

当叫到我的名字让我转乘新的航班时，我再也控制不住自己，哭出来了。想到就要与患难与共的同伴们分别了。尽管相处那么短暂，但他们火一样热情的生命却深深触动了我。

现在，每当听到飞机的引擎声。我都会仰起头默默注视那闪着金属光泽的飞机，我会想起那场灾难性的而又幸运的航行，那些患难与共的乘客相互的善举，尤其是那只从过道伸过来紧握着我的手及与此同时我紧抓住的那位中学生的手。

每到此时，我仿佛被闪电击中：由衷感谢同伴们对我的慰藉和心灵启迪，真心地希望自己能回报他们，并要将这些善意不断传递下去。

生命感悟：

灾难来得这样突然，生命走得如此匆匆……假如灾难突然降临，假如生命只剩下最后一分钟。我们无法阻挡它，但是，我们能够将爱心汇聚成爱的火焰，陪伴彼此，一起抚平伤痛，走出困境。

活着的理由

○杰瑞·帕金斯

　　1986 年 10 月，农夫戴维·亚当斯需要人手帮忙收割玉米。他问妻子米兰妮是否能让 11 岁的济慈（米兰妮的儿子，戴维的继子）向学校请假，留在家里帮忙。戴维的要求在以种田维生的乡下十分普遍，乡下的孩子通常需要帮忙收割玉米。

　　米兰妮答应了他的要求。米兰妮告诉自己：不去上学，留在家里帮忙对农村孩子来说是一种成年的仪式。济慈告诉母亲，自己知道在农场机械旁边工作如何确保安全，他对父亲要求自己留下来帮忙一事感到十分骄傲。

　　第二天，米兰妮离家去上电脑课之前，为济慈和戴维准备了早餐。临出门前，她对他们说："你们两个今天要小心，没了你们两个，我不知该如何活下去。"

　　那天午后，戴维开着收割机回到农庄庭院卸玉米时，发现济慈躺在收割机下面一个致命的位置。14000 斤重的玉米压在他的身上，玉米粒卡住了他的喉咙。惊慌的戴维将济慈送到附近的诊所，等待医院的直升机来接济慈，所有的人都尽全力抢救济慈的生命。

　　米兰妮课上到一半，就接到了几乎所有的父母都害怕接到的电话。有人将她送到医院，恐惧占据了她整个意识。戴维已经跟着诊所的人一起去医院了，他俩在那儿见面了。

　　"我害死他了！我害死他了！"戴维哭道。他将整个脸埋进自己粗糙的手中。

　　米兰妮在济慈的病床旁，紧张地看着自己的儿子，他的身体因极度恐惧而颤抖，他的脸几乎被氧气罩全包住了。济慈的身上插满了所有我们能够想象得到的医疗器材。静脉注射的药品挂在他头上方的铁架上。米兰妮拨弄着儿子额头上的头发，注意到儿子的脸渐渐变僵，她感觉到儿子的双臂、腿和脚也都变得像冰一样凉。

　　米兰妮无助地坐在一旁为济慈祈祷。济慈读过《圣经》的每一页，希望长大后能成为牧师。

她说："济慈，我们现在必须跟主说话。"

一滴眼泪从男孩的左眼角流下，滑到他的脸颊。

凌晨 2 点 30 分，在母亲与外婆的陪伴下，济慈停止颤抖。米兰妮感觉到宝贝儿子已经滑向一个没有痛苦与挣扎的地方，她的儿子死了。

米兰妮陷入深深的悲痛之中，甚至连家人的爱与关怀都不能唤醒她。她再也不去教堂了，只是不停地哭泣。她也无法去学校上课，也不能去参加家长会。她的女儿必须照顾她，她睁着眼睛，却因哀痛而变得麻木，她和戴维越来越疏远。

女儿凯莉的精心照顾让米兰妮恢复了正常。凯莉加入了美国未来农民组织，这个组织教导年轻人农业及相关行业的知识。弟弟的死亡让凯莉自愿负责打谷机危险性的研究。

这对母女一同针对这个主题展开了研究。她们得知曾有人建议打谷机的旁边应该贴上警告标示，但她们同时也惊讶地发现，没有人去实行这项建议，米兰妮·亚当斯决定首先从自己的家族开始做起。

米兰妮发现她可以恢复对儿子的记忆——不是在自己的生命中，而是通过宣传农场工作对儿童的危险性。米兰妮，一个负有使命感的女人将失去儿子的悲痛升华，成立了一个名叫"儿童农场安全"的组织。

米兰妮的雇主捐钱让她印制她与家人一起设计的警示标语。爱荷华州的美国未来农民组织分部发出了数千张标示，当农民排队将谷物卸在收集所时，便为他们的收谷机贴上警告标语。米兰妮觉得自己又活了过来，她找到了活下去的理由，还有保存对济慈的回忆的方法。

米兰妮知道前面还有很多艰苦的工作。她得到爱荷华州农场安全组织的支持，接受了电台的访问，然后，农业杂志也刊登了数篇关于米兰妮与她成立的组织的文章，社会大众与媒体的电话蜂拥而至。

米兰妮回忆道："电话不停地响，我们甚至没时间吃晚餐，很多打电话来的人说，他们因为农场里的意外事故而失去了孩子，他们想要与我谈话，以表达他们的哀伤之情。很多因农场意外而失去了孩子的人都参加了'儿童农场安全'组织——参加这个组织可以帮助他们减轻哀痛。每次有哀伤的父母给我打电话，我就安排他们加入我们的行列，这让我们有了更积极的事可以做。就是这样，我开始觉得自己的生活有了目标，觉得自己又可以养育孩子了。"

米兰妮不知疲倦地到全国各地，跟各公司接洽。她终于找到足够的资金支持，使她能够辞去工作，全力为农场安全努力。她说服当时的第一夫人芭芭拉·布什担任"儿童农场安全"的名誉主席。

布什夫人说："没人能对米兰妮说'不'。"

10年来，这个组织迅速成长壮大。如今，"儿童农场安全"每年有75万美元的预算，在美国与加拿大有77个分部。

最近，一项研究发现，自从"儿童农场安全"成立以来，儿童在农场意外中丧生的数量已经降低了39%。米兰妮的成就使她和她的家庭又再次快乐起来——她和戴维有了另一个小孩。米兰妮生活在和平的气氛之中，当有人问到天堂里的济慈时，她笑着说："我想他正忙着为他的母亲指出正确的方向。"

生命感悟：

济慈的去世使米兰妮备受打击，可是她没有就此沉沦，而是从失去儿子的痛苦中找到了新的生活方向。这个母亲活着的理由，就是能使千千万万个像济慈一样在农场劳动的孩子的生命得到保障。她的使命感使她的人生丰富起来，也使她对儿子的爱升华为对更多人的爱。

临终医院里的笑声

○莫林·马克

"老布克完了！老布克住进临终医院了！""你肯定？""没错。电视新闻都播了。""他什么表情？""他还在说笑话，只是他的养子养女们在流泪。"

人们谈论的这个人就是美国幽默语言大师阿尔特·巴克伍德。

2006 年的早春，雪雨交加，老布克的心情如同屋外的冰雪一样寒冷、压抑。他因为脚痛，一条腿截了半条。这个打击让一向乐观的他对现代医学失去了信心。加之经济的原因，他中止了每周三次、每次五小时的透析治疗。决定到临终医院里去等死。医生断言，像他这种情况，顶多能活两星期。

华盛顿救护医院实际就是临终关怀医院，是通往天国之旅的最后驿站。凡来此小住的病人少则几天，多则几周，都会步入天国。医院可以同时接纳 14 位病人，病人住的是宾馆式的病房，享受的是家庭式的服务，事事周到，透过各个房间的大玻璃窗能看见外面花团锦簇，绿树成荫，真是个休息的好地方。只是，你想住进来可不容易，申请手续的复杂比进哈佛大学都难。

老布克一来，医院一改往日的沉寂，变得热闹起来。尽管他哪也去不了，不是躺在床上，就是躺在沙发上，但只要有客人造访，他就像健康人似的谈笑风生，眉飞色舞。老头儿年轻时大学辍学，参加过"二战"，干了一辈子记者和作家。来探视的人有同学、战友、同事，前航天员约翰·格林、前国家广播公司总编汤姆·布拉克、作家拉塞尔·贝克、前哥伦比亚广播公司主编沃尔特·康克特等等。法国大使也来了，表彰他在法国从事新闻工作 14 年所作的贡献。他的文章诙谐幽默，睿智风趣，崇拜者众多，都来看他，把病房门都要挤坏了。来的人都带着礼物，玩具、宠物、绘画、雕塑，五花八门什么都有。一位女士送的是电脑和打印机。他还收到来自全国各地的3000 多封信。所有的人都想让他快乐。一天，他说自己梦见了牛肉三明治，第二天就收到了四份牛肉三明治和多束鲜花。

他没曾想，临终这段时间竟是他一生最受关注的时光。

老布克把他的病房叫"我的沙龙"。这里安静舒适，有摇椅、桌子、图书室、儿童室，还有一个大金鱼缸。他天天和朋友聊天、看电视、读书、打盹，晚上才回卧室。他的专栏文章依然在《华盛顿邮报》上每周两篇与读者见面，从没间断。老布克喜欢老照片，他让人把一些从前的照片，翻印好贴在墙上，其中有几张是前女友的照片。他说这样布置，自己好像回到了从前。

老布克和客人们在客厅里一坐就是几个小时。他是中心人物，凡是他能想起来的事什么都谈，天上地下，古往今来，随心所欲。主人还不时地即兴开开玩笑。比如，朋友们开始商议主人的问题，只要话匣子打开，不知不觉地就扯到他们自己身上去了。主人会说："你们在谈自己的事，我该向你们收费，每小时 75 美元，只是我不好意思在临终看护所里挣钱。"律师鲍博·巴勒特来了，布克对鲍博说："你要是能把我的书卖到 700 万美元，像你推销希拉里·克林顿的书那样，我就不想死了。我去透析。"

有时候，如果老布克开个头，大家也谈死亡的话题。他说这样可以让大家分担死亡的恐惧和困惑。老布克最爱说哈姆雷特的那句话："是生存还是死亡——这还是个问题。"

有人问他会不会有来世，他回答："如果我去了那边，我会打电话告诉你。"

朋友问："你到了天堂却是个穷人，你会努力致富吗？"

他说："那当然。那可是人人都会做的天堂梦。"

朋友说："你不怕缴税？"

他回答："天堂里没有税，要么咋叫天堂呢？"

他和朋友们玩一种游戏，就是参与者要一次说出五位想在天堂见到的人，并且说出想见他们的理由。老布克说出五个人的名字，把朋友们又逗乐了。前四位都是已故女明星：伊娃·加德纳、格瑞丝·凯莉、玛丽莲·梦露、丽塔·海华兹，第五位是犹大。

"为什么要见犹大？"

"我要问他，耶酥和他究竟是怎么回事？他到底是耶酥的好友还是叛徒？有人说是耶稣请求犹大去告密；有人说是犹大自己要去告密。我进了天堂，一定要把这个问题搞清楚。"

随着时间流逝，老布克成了临终医院的招牌病人。因为他一再拖延时间，没有按计划去死。他的肾竟然有了一些功能恢复的迹象。医生觉得不可思议，朋友们认为这是奇迹。有人来告诉老布克，说是医院的人拿他在外面宣传炫耀。医生解释说，他们是想以老布克为例，让更多的人了解临终医院。老布克说："当广告明星，我喜欢，广告费嘛，我不计较。"

在临终医院里生活了五个月，医生见他一时半会儿死不了，医疗保险也负担不起，就请他回家养着去，他倒成了临终看护基金会的年度人物。老布克说："我在这里过得很好，没想到走向死亡是如此令人愉快。"老布克的话现在成了挂在人们嘴上的玩笑——想快乐，就去临终看护所。

老布克回家养病半年，不仅仍在写他的专栏，竟然还写了一本新书，取名叫《别急着说永别》。他用轻松调侃的语言记叙自己在临终医院里的生活，字里行间都萦绕着他的笑声。他在书的末尾写道："我不知道我在自己家里还能活多久，如果不出意外，我想我一定会给你们一个大大的惊喜。到时候，希望诸位不要认为自己又在上当受骗。"

老布克的最后一篇专栏文章《一万亿再加一个零》登在《华盛顿邮报》上，评论小布什政府预算赤字对百姓生活的影响。仅过了半个月，人们在各家报纸上看到了老布克的讣告。老布克从不希望人们为他难过，他要人们像他那样笑口常开。你瞧他的创意："请为我唱一支我喜欢的歌《丹尼小子》。葬礼之后，酒会招待。"

生命感悟：

笑对死亡。老布克的乐观从容让人敬佩，他的幽默让人深感喜爱。人生其实没有什么了不起，在人世间走过一遭，该面对的总要去面对，如果拿种种烦恼困扰着自己，倒不如放宽心态，给自己一个笑容，让快乐充满生活的每一瞬间。要知道，笑总比哭好。

海滩上的夫妇

○克里斯丁·帕拉特

　　泰国南部的这一处海滩曾经非常美丽——细细的白沙像地毯般厚实，远处，渔船点缀着平静的海面。这是仿佛只有在梦境里才有的地方。但是，现在这一切都不复存在了。我和同事卡梅朗沿海滩走着，不时跳过散落在海滩上的什物。2004 年12 月，那场夺去了几十万条生命的海啸给这里留下了满目疮痍。现在的海滩看起来更像个工业垃圾场，砖头瓦块、残缺的汽车与棕榈树乱七八糟地堆积在一起，还有不少私人物件，散落各处，像一座座悲哀的墓碑。

　　我在一个慈善机构从事营救工作。海啸发生后，我被派到泰国南部。我以前曾到过泰国，对这里的山水和人民一往情深，我称它为"一个微笑的国度"。我非常愿意为他们提供帮助。但是，当我亲眼看到这满目疮痍、一片狼藉时，立即感到这是个非常棘手的任务。在我心中引起强烈震撼的，不仅是物质上的破坏，而且是人类在大自然面前无能为力、失去一切的惨状。

　　我在营救工作方面并未受过特殊训练。几年前我曾去蒙古救过灾，不过只是去做调研工作。我对危机中的人们了解多少？我知道的只是，成千上万活着的人失去了家园，更多的人失去了生命。

　　我叫住卡梅朗："我想到卡拉克海滩去。"那里是受灾最严重的地区。

　　于是我们开车去了那里。一下车，目光所及皆是废墟。巨大的棕榈树只剩下光秃秃的树干，像刚从刨木机里出来；砖头房屋变成了红色的灰土；柏油路裂开了口子。我们俩吃惊地面面相觑，说不出话来。

　　海滩一片死寂，海啸中的遇难者——至少尸体被找到的人——已经被运走。但是他们的遗物还留在沙滩上：这里一只鞋，那里一片布条，还有丢下的锅和盆子，到处都是人们遗落下的东西。是的，这一切发生得太突然了！我捡起一只撕烂了的鞋，思绪万千。穿这鞋的人可能正在回城的路上，海浪击倒了他，他的家人没和他在一起，再也不能向他道别了。

卡梅朗和我朝水边走去，突然，他的脚踢到了什么东西。他站住，弯腰捡了起来，"这是什么?"他说，"一部摔破了的数码相机。"他递给我，我拿在手里端详起来。这算不上是昂贵的相机，就像一般出门旅游的人随身带的那种，沿途拍几张到此一游的照片，然后拿回家存在电脑里。现在它已没法用了，我正要丢了它，"等等，"卡梅朗说，"说不定里面还会有照片。"他撬开相机，取出里面的存储卡，交给我。

那天晚饭后，卡梅朗说："咱们来看看那卡里有什么照片。"我们在宾馆的电脑上将存储卡打开了。随着电脑的"嗡嗡"声，一张照片出来了，一个男人和他的妻子，可能是欧洲来的旅游者。在落日的余晖里，他们正在一家宾馆的海滩酒吧吃晚饭，我猜可能是服务员帮他们照的。另一张照片，还是这对夫妇，在海滩上，灿烂地笑着。电脑设定了幻灯片式播放，我们惊讶地看着一幅幅愉快的场景。然后，照片出现了不祥的画面。

现在照相的人把注意力转向海上。海滩上，人们正在蓝天下散步，海水退下了不少，海浪出奇地低。实际上，孩子们玩耍的沙滩原本应该是淹没在水里的。地平线上，一排大浪开始形成，延伸到了整个地平线。"没人意识到正在到来的危险。"我说。

下一张照片出来了，再下一张，再下一张，随着每一张照片的出现，海浪越来越近，停在海上的船被海浪压了下去。最后一张照片里，像山一样高的海浪，马上就要扑上岸来。

卡梅朗和我坐在那里，被照片中的情景震慑得说不出话来。"就像坟墓里的回声，"最后，卡梅朗开口说，"这是这对夫妇一生的最后时刻。""我们得把他们的家人找到，"我说，"我们应该把这些照片交给他们，这样，亲人们可以感觉离他们近一点，向他们道别。"

我的前妻莫娜是在教堂大会上讲演时突然去世的。我没能最后一次拥抱她，没能见到她最后的微笑，只有她最后的声音留了下来——牧师把她讲话的录音带交给我。现在，我只能听听她的声音，这才能带给我些许慰藉。将心比心，我要尽力找到这对夫妇的亲人。让他们看到这些照片，了却他们的心愿，使他们不再悲伤。

从相貌上看，这对夫妇好像来自北欧。几天后，我和卡梅朗到了曼谷，立刻带着照片去了瑞典和德国使馆，没有结果。我们搜索了贴满遇难者照片的广告栏，还到医院去寻找，仍然未果，只好悻悻而归。

在泰国期间，这对夫妇的身影总是在我的心头徘徊，回到在美国华盛顿州的家，一进家门，我就迫不及待地将这对夫妇的事告诉了太太妮可，把存储卡交给她："我没办法了，不知道还该做些什么才好。"我疲倦极了，倒头便睡去。

还没睡十分钟，妮可进来把我推醒："克里斯丁，我找到他们了！"她把我拉到电脑前，"我上了谷歌，键入'海啸，失踪人员'，看屏幕，是这对夫妇：约翰和杰基·尼尔，住加拿大北温哥华——离我们住的地方只有四小时车程。他们的家人正在寻找他俩，在一个网页上贴出了他们的照片和相关信息。"

我根据联系方式，给他们三个儿子中的大卫打了电话，"我有一些东西要交给你们。"我告诉他。我和一位朋友立即动身，一路上，我回想着莫娜。在帮助另一个家庭向他们的亲人诀别时，我似乎正以一种奇特和惊喜的方式，也在向我亲爱的莫娜诀别，最终，我感觉到欣慰。也许，到此为止，我才终于可以释怀了。

大卫在等着我们。我把存储卡交给他。他的两个兄弟也围了上来，盯着电脑。他们一张接一张地看着父母的照片，边看边哭。"我说不出这意味着什么，"大卫说，"就好像妈妈和爸爸回来告诉我们，他们在一起，在一个他们喜爱的地方。他们已经得到了安宁，我们可以向他们说再见了。"

我理解他们的感受。

生命感悟：

生命在自然的灾难中是如此脆弱，大自然的勃然大怒往往给人间无数个家庭造成无可挽回的悲剧。生命终结的刹那，惦念、遗憾将无休止地延续，悲伤蔓延开来，一颗因为失去亲人而受伤的心何时才能修复？当你知道逝者曾快乐过；当你能够平静地道一声：珍重。

最后的心愿

○杰克·坎菲尔

26岁的母亲凝视着她那罹患血友病而垂死的儿子。虽然她内心充满了悲伤，但同时她也下定决心，就像其他为人父母者，她希望儿子能长大成人，能实现所有的梦想。如今这一切都不可能了，因为病魔会一直缠绕着他。即使如此，她仍希望儿子的梦想能够实现。

她握着儿子的手问道："巴柏西，你曾想过长大后要做什么吗？你对自己的一生，有过什么梦想吗？"

"妈咪，我一直希望长大后能成为消防队员。"

母亲强忍悲伤，微笑着说："我来想想看能不能让你的愿望成真。"当天稍晚，她到亚历桑那州凤凰城当地的消防队，找到了消防队员鲍伯，他有一颗宽大的心。这位母亲向他解释儿子临终的心愿，并请问是否能让他坐上消防车在街角转几圈。

鲍伯说："不只这样呢，我们还可以做得更好。如果你在星期三早上7点把你儿子带到这里来，我们会让他当一整天的荣誉消防队员。他可以到消防队来，和我们一起吃饭，一起出勤。对了，如果你把他的尺寸给我，我们还可以帮他订做一套真正的消防制服，附加一顶真的防火帽，不是玩具帽，上面还有凤凰城消防队的徽章，印着我们穿的黄色防水衣和橡胶靴。这些东西都是在凤凰城里制造，所以可以很快拿到。"

三天后，消防队员鲍伯带着巴柏西，帮他穿上消防制服，护送他从医院的病床到消防车上。巴柏西端坐在车子后面，鲍伯引领他回到消防队，他仿佛置身于天堂。当天凤凰城有三起火警，巴柏西每次都得出勤。他乘坐不同的消防车，还有救护车，甚至消防队长的座车。他还为当地的新闻节目拍录影带。

由于美梦成真以及加注在他身上所有的爱和关怀，令巴柏西深深感动，他比医生所预期的多活了三个月。

一天晚上，他所有的生命迹象开始急剧下降，护士长急忙

145

打电话通知家属到医院。然后她想起巴柏西曾担任过消防队员，因此她也打电话给消防队长，问他是否能派一位穿制服的消防队员到医院来，在巴柏西临终前陪伴他。队长回答道："我们可以做得更好。五分钟之内就到。你能帮个忙吗？当你听见警笛响、看到警灯闪时，请通知医院，这不是真正的火警，这只是消防队来见他们好伙伴的最后一面。请你打开他房间的窗户，谢谢。"

大约五分钟后，一部消防车到达医院，把云梯延伸到巴柏西三楼窗前，有十四位消防队员、两位女消防队员爬上云梯进入巴柏西的房间。经过他母亲的同意，他们拥抱他、握他的手，告诉他他们有多爱他。

巴柏西咽下最后一口气前，看着消防队长说："队长，我现在能算是真正的消防队员吗？"

"算！巴柏西。"队长说。带着那些话，巴柏西微笑着闭上了眼睛。

生命感悟：

在巴柏西生命的最后日子里，他感受到了世界上最大的幸福。这幸福不仅来自母亲，也来自那些与他素不相识的消防队员们，他们竭尽所能地关爱着巴柏西那脆弱的生命，这些相识的与不相识的人们给了巴柏西心灵上无比温暖的慰藉。爱，有时只是力所能及地给予。

8 秒空难之谜

○彭龙富

　　1981年2月7日，苏联海军四大舰队司令对各舰队司令部指挥能力的考试结束后，在返航飞机上，有太平洋舰队司令安杜尔特·斯比利德诺夫海军上将、舰队航空兵司令戈奥尔基·巴甫洛夫海军中将等总计16名太平舰队的将领，滨海军区的一名陆军将军也搭机返回符拉迪沃斯托克。还有太平洋舰队的主要军事主官和一些政府要员。

　　塔台在向太平洋舰队专机发出起飞指令后，飞行员仅仅滑行了不到几百米的距离，甚至没有滑行到跑道边缘就匆匆起飞了。飞行员机组都是太平洋舰队航空兵部队的优秀飞行员，他们驾驶类似机型已经超过10年。他们的起飞动作，采用了当时刚引入苏联的国际流行的平衡法，可使飞机迅速飞离地面，但这样做却使飞机离灾难更近一步：迅速爬升使飞机的升力迅速下降，而升力和飞机重量比值也随之下降，在这种情况下，飞机的平衡性降到了极限。

　　刚刚升空的飞机仅仅飞行到50米高度时，就遇到了强大的侧翼气流。飞行员为克服这股气流，便习惯性地将飞机向右侧气流的方向压了过去。没想到，极其不稳定的机身遇到了强大的气流，飞机顿时像断了线的风筝向地面一头栽去，飞行员和副驾驶惊慌之下都没有留下最后的一言半语。但是黑匣子中却留下了导航员最后的声音，当时，惊慌失措的导航员喊道："去哪?! 去哪?! 去哪?!"当然，他并不知道飞机此时正笔直地摔向地面。当时，飞机从起飞升空到最后坠地仅仅用了8秒钟。

　　飞机着地后，几吨重的航空煤油涌进飞机客舱内，随后巨大的爆炸声击碎了一切幸存的可能……

　　不久，苏联当局成立了特别调查小组展开调查，从恐怖袭击到技术论证，各种可能性都在排查之列，没想到原因是这样。

原来，苏联时期所有物资都很匮乏，中心城市的供给要比边疆地区好得多，即将返回驻地的太平洋舰队军官们趁着演习间隙，疯狂采购边疆地区买不到的紧俏物资，有些军官甚至将在列宁格勒购买的彩色电视机（80年代初苏制彩色电视机刚刚投入生产）、捷克和波兰生产的组合式家具拼装板，全部带上了飞机。除了官员们随身带的个人行李外，为了参加这次联合指挥演习，太平洋舰队代表团还携带了绘图仪、标尺和大量作战海图等保密物资。这些东西本身并不沉，但因属于保密物资，全部由厚重的大铁箱封装。此外，太平洋舰队司令还通过海军的关系在列宁格勒搞到了几吨重的优质印刷纸，也被送上了飞机。空难发生后，苏联当局组成的空难调查组曾对飞机残骸附近遗落的各种物品进行了称重，结果表明，这些物品的重量超过了图－104A理论设计的最大载重极限，飞机实际上已处于超载状态。

由于飞机上乘客都是太平洋舰队各主要部门的高级官员，因此作为同属太平洋舰队的专机飞行员，也没能对他们携带的物品进行检查和控制。飞机装载的大量货物都堆放在机舱尾部，而机舱前部则是舰队司令的专舱，这又为飞机埋下了祸根。飞机的重心偏向尾部，严重破坏了飞机的气动性能。虽然苏联军队内部有着严格的飞行规章制度，但是在实际执行中却难度很大。太平洋舰队的专机也同民用客机一样规定每名乘客只能携带20公斤行李，超载必须得到舰队司令的批准。但是飞行员安东·伊尤欣中校却没有严格按照这一规定执行，原因很简单，空难发生时他离退休还差两个月了，他只想着此生"平安"着陆了。

安东·伊尤欣没有站好最后一班岗，没有坚持飞行的原则，8秒的空难断送的不仅是颐养天年的梦想，还夺去了他和飞机上同伴的性命，昔日鳌头独占的太平洋舰队从此辉煌不再。俗话说：笑到最后才最开心。我们有时往往因为最后的一丝松懈让一切努力付诸东流。

生命感悟：

　　无论你曾拥有多么辉煌的人生，取得过多么耀眼的成就，最后都会归于生命的平淡，走向死亡。生命，这是每个人被赐予的最珍贵的礼物，它其实脆弱不堪，任何时候都会有面临危险的可能，所以请在活着的每时每刻，为生命站好岗，认真地对待自己，认真地对待他人，认真地生活，给生命以最大的尊重！

一只家犬的临终告白

○吉　姆

当我还是一只小狗的时候，我的顽皮滑稽每每惹来你的笑声，为你带来欢乐。虽然家里的鞋子和枕头都被我咬得残缺不全，你依然把我视为你最好的朋友，甚至把我唤做你的孩子。就算我调皮捣蛋，你也对着我摇摇手指说："你怎么可以这样呢？"不过最后你都会向我投降，玩闹着搓我的肚皮。

你忙碌的时候，百无聊赖的我只好把家里弄得一团糟。我无声的抗议对你总是管用的。每晚睡觉前我都会跳到你的床上，倚着你撒娇，听你细诉自己的梦想和秘密。我们常常到公园散步，追逐，偶尔也会乘车兜兜风。每天傍晚我都会在斜阳下打盹，准备迎接你回家。那些日子，我确信是我一生中最快乐的时光。

渐渐地，你把更多时间花在工作上，再花更多的时间去找寻你的另一半。无论你怎样繁忙，怎样烦恼，我都会耐心守候你，陪你度过每个绝望心碎的日子，并支持你的每一个选择——尽管有时是糟透了的决定。无论发生什么事，每天你踏进家门，我都会一样兴奋地扑向你，迎接你回家。

终于，你谈恋爱了，我为你感到无比欣慰。你的她——你现在的妻子，并不是爱狗之人，对我总有点冷漠，但我还是衷心地欢迎她到家里来。对她我也绝对服从，偶尔还会撒撒娇，我要让她知道我也很爱她。

后来你们添了小娃娃，我也跟你一样万分雀跃。我被他们精致的面孔，他们的一颦一笑感染了，我真想疼他们一下，好想像爱你般爱你的孩子，然而你和你的妻子却生怕我弄伤他们，整天把我关在门外，甚至把我关到笼子里去。

孩子们慢慢长大了，我也成了他们的好朋友。他们喜欢抓着我的毛皮蹒跚地站起来，喜欢用小小的指头戳我的眼睛。喜欢为我检查耳朵，也喜欢吻我的鼻子。我尤其喜欢他们的抚摸——因为你已经很少触摸我了。有时候我会跳上他们的床，倚着他们撒娇，细听他们的心事和小秘密，一起等待你回家。我喜欢他们的一切一切。为了保护他们，我甚至愿意牺牲自己的性命。我总是深信你的快乐就是我的快乐，这样的想法，令我最终成了"爱的俘虏"。

曾几何时，人们问起你家里有没有宠物时，你总是毫不迟疑地从包里掏出我的照片，向他们娓娓道出我的轶事。可是，近几年有人问起同一个问题，你却只是冷冷地回答"有"，随即就转向别的话题。我已经从"你的狗儿"变成只是"一条狗"了，甚至对我开支也变得吝啬起来。后来你的仕途有了转机，你可能要到另一个城市里工作，移居到一幢不许豢养宠物的公寓去。终于，你为"家庭"作出正确的抉择。可是，你是否还记得，曾几何时我就是你"家庭"的诠释？

你的车子出发了。我不明真相，还在旅途中充满期待。我们最终抵达的是一家动物收容所。你边写着文件边对那里的人说："我知道你们一定可以为它找个好归宿的。"看着你，他们耸耸肩，露出很难过的神情——对于这里的老犬最终会走的路，他们了如指掌；纵使老犬们身负各种各样的证书，又如何？

你的儿子紧抓着我的颈圈，哭喊着："不要！爸爸求你别让他们带走我的狗儿！"你狠下心去撬开他的小手指，直至他再也触不到我。我担心他，更担心你教给他的人生课：什么是友情，什么是忠诚，什么是爱，什么是责任，什么是……对生命的尊重！

你终于要走了。你躲开我的目光，最后一次轻轻拍我的头说再见。你礼貌地拒绝了保留我颈圈及拉绳的权利，头也不回地走了。

这里的人整天忙得团团转。但倘若时间许可，他们总会抽空照料我们。在这里我食物不缺，可是这几天以来我已食不下咽。

最初每当有人经过这牢笼，我都会满心期待地跑过去，以为是你回心转意来把我接回去。后来我退而求其次，只盼望有谁会来救救我，或者只是关心我一下，我就心满意足了。更多更多的小狗被送到这里来，我这条老狗唯有撤退到最远的一角。

一天，我听到她的脚步声，一步一步迎着我而来，我知道这一天终于来临了。她带着我轻轻走过长廊，走进一间异常寂静的密室。她把我轻轻地放在一张桌子上，揉着我的耳朵叫我不要担心。我清楚地听到我的心因为预期即将发生的事猛烈跳动，可是同时脑子里却隐隐浮现出一种解脱的感觉。

她温柔地在我的前腿上套上止血带，我也温柔地舐她的手，犹如许多年以前我在你悲伤的时候安慰你一样。然后，她熟练地把注射针插入我的血管里，一阵刺痛以后，一股冷流走遍我的全身。我开始眩晕，我感到倦了，躺下了，我看着她慈悲的眼睛，喃喃地说："你怎么可以这样呢？"

她好像听懂了我的话，拥着我连声道歉，并急忙解释她必须这样做以保证能带我到一个更好的地方，一个充满爱和光明、跟尘世完全不同的世界，在那里我不会再受冷落，遭遗弃，被欺凌，不用再到处闪躲，不需再自谋生存……

可我不相信，我的眼泪不争气地流了出来。我用尽全身最后一丝力气向她摇了摇尾巴。我竭力想让她知道这句"你怎么可以这样呢？"并不是对她说的，对象其实是你——我最爱的主人。我想念你，我会永远怀念你，永远等待你。我只希望你生命中的每一个人也可以同样忠诚地对待你……

别了，我最爱的主人！

生命感悟：

狗历来被认为是忠诚的动物，只要你是它的主人，它便会一辈子忠于你，即使是被遗弃，甚至是被人道毁灭的那一天，也还是一如既往地爱着你。可是这种忠诚，却常常被人类践踏、忽视。生命是需要被善待的，即使只是一条狗，也仍然有获得关爱和尊重的权利。